DEIN BUCH
Und warum es noch nicht deines ist

Helmut W. Rodenhausen

DEIN BUCH

Willst du sofort zu arbeiten anfangen, gehe zu Seite 74
und schau dir die Checklisten an. Und ab Seite 100 kannst
du dieses Büchlein als «Log-Buch» nutzen.

Das Stichwortverzeichnis ab Seite 84 hilft dir, Begriffe
im Buch schnell zu finden.

Im Linkverzeichnis ab Seite 90 sind zusätzlich einige
Fachbegriffe erläutert.

Ein Inhaltsverzeichnis braucht dieses schmale Bändchen
nicht. Wer eines sucht, der findet es auf Seite 89.

Noch eine Anmerkung zu dem leidigen Gender-Thema:
Für mich sind Frauen und Männer gleichermaßen wertvolle
Menschen. Die grammatikalischen weiblichen und männ-
lichen Formen habe ich nach Gutdünken und spontanem
Schreibfluss gewählt.

© 2017 Edizio Büro für Buchprojekte

ISBN   978-3-7448-4824-4

Herstellung und Verlag: BoD - Books on Demand, Norderstedt

Autor	Helmut W. Rodenhausen, CH-6045 Meggen/LU
Gesamtherstellung	EDIZIO Büro für Buchprojekte, CH-6045 Meggen/LU
Umschlaggestaltung	Helmut W. Rodenhausen, CH-6045 Meggen/LU
Bildbearbeitung Cover	Simon Eugster, CH-6003 Luzern
Schrift	Quadraat 10.3 pt / Quadraat Sans kursiv 8.5 pt
	Titelfelder Sabon Bold Italic 11.5 pt
Korrektorat	Korrektorium – Petra Meyer, CH-6215 Beromünster/LU
Bilder	© Wo nicht anders vermerkt beim Autor

Es kann gar nicht anders sein: In diesem Buch geht es um Bücher. Um alle Aspekte, die dazu führen, ein Buch zu schreiben und zu publizieren. Um DEIN BUCH geht es ganz konkret. Wer hat nicht schon einmal den Gedanken gehabt, selbst ein Buch zu schreiben? Oder ein Buch zu publizieren mit Bildern, mit Gedichten, mit Briefen, mit Erinnerungen, mit Sammlungen und Geschichten dazu?

Wozu braucht es immer dieses unvermeidliche Vorwort?

Es ist einfacher geworden heute, Ideen und eigene Themen zu vervielfältigen. Bereits simple Computerprogramme lassen es zu, einen Seitenumbruch vernünftig zu gestalten oder ein Layout für einen mehrseitigen Druck zu nutzen.

Die Begriffe «Self Publishing» oder «Book-on-Demand» haben die meisten schon einmal gehört. Zumindest alle, die sich näher mit dem Gedanken über ein eigenes Buch beschäftigt haben. Dazu kommt der ganze Bereich von Internet-Blogs sowie E-Books, der die Schwelle zur eigenen Publikation noch einmal niedriger macht – oder ganz wegnimmt. Aber was gehört zwingend zu einem Buch? Braucht es das Inhaltsverzeichnis? Braucht es ein Vorwort? Müssen die Zeilen alle auf gleicher Höhe stehen?

In diesem Buch hier sollen solche und ähnliche Fragen helfen, die Regeln zu erkennen und die Regeln nur dann zu brechen, wenn man weiß, was man tut. Die Schwerpunkte hier liegen in der Vorbereitung und im Text. Das Technische wird am Schluss mit Hinweisen, Links und Checklisten auch behandelt – in dem Umfang, wie es dazu dient, auf einfache Weise zu einem Buch zu kommen, das sich verteilen lässt. Ob es sich auch verkaufen lässt – das ist wieder eine ganz andere Frage.

Das fragen sich manchmal auch die gewieftesten Verlagsleiter: Lässt sich dieses oder jenes Buch wirklich verkaufen? Ich selbst fragte mich ebenfalls schon oft, wenn ich durch Bibliotheken und Buchhandlungen streife: Wer kauft denn so was?

Zum Glück ist unsere Gesellschaft so pluralisiert. Zum Glück gibt es so viele Interessen und Lesebedürfnisse. Und zum Glück gibt es immer wieder diese unwahrscheinlichen Legenden, bei denen selbst erfahrene Programmgestalter und Lektoren sich an den Kopf greifen und denken: Warum ist dieses Buch nicht in unserem Verlag erschienen?

Joanne K. Rowling und ihre Harry-Potter-Erfolge kennt praktisch jeder. Und den ersten gedruckten Bestseller überhaupt ebenfalls: Martin Luthers «Neues

Testament». Ein so genannter «Steadyseller». Schon zu Lebzeiten Luthers wurden mehr als 100 000 Exemplare verkauft. Und das im 16. Jahrhundert!

Bereits seine Flugschrift «An den christlichen Adel» soll innerhalb einer Woche(!) ausverkauft gewesen sein, mit 4000 Exemplaren. Heute wandern Tausende von Büchern nach einem Jahr unverkauft in die Altpapier-Shredder. Der älteste Bestseller soll übrigens «Das Narrenschiff» von Sebastian Brandt sein, erschienen 1494. Wer möchte, kann es heute online auf gutenberg.spiegel.de finden und nachlesen. Die Vorrede beginnt unter anderem:

Alle Lande sind jetzt voll heiliger Schrift
Und was der Seelen Heil betrifft:
Voll Bibeln, heiliger Väter Lehr
Und andrer ähnlicher Bücher mehr,
So viel, dass es mich wundert schon,
Weil niemand bessert sich davon.

Schön, wenn DEIN BUCH zu Besserem bestimmt ist. Wenn es den Weg findet zu den Käuferinnen und Käufern. In diesem Buch geht es darum, überhaupt ein Buch zu schreiben und in Umlauf zu bringen. Als Geschenk, als Möglichkeit, sich einem Verlag zu präsentieren, und als Beweis, dass du es kannst.

LATES

dissensiones detractiones susurratio-
nes inflationes seditiones sint inter
vos. Ne iterū cū venero humiliet me
deus apud vos: ⁊ lugeā multos ex hijs
qui ante peccauerūt et nō egerūt peni-
tentiā sup immūdicia et fornicatione
et impudicicia quā gesserunt. XIII
Ecce tercio hoc venio ad vos. In
ore duoꝝ vel trium testiū stabit
omne verbū. Predixi enī et predico ut
presens vobis ⁊ nūc absens hijs qui
ante peccauerūt ⁊ ceteris omībꝫ: qm̄ si
venero iterū nō parcā. An experimētū
queritis eius qui in me loquit' cristus?
Qui in vobis non infirmatur sed po-
tens est in vobis. Nam ⁊ si crucifixus
est ex infirmitate: sed vivit ex virtute
dei. Nam et nos infirmi sumus in il-
lo: sed vivimus cum eo ex virtute dei
in vobis. Vosmetipsos temptate: si
estis in fide ipsi vos probate. An nō
cognoscitis vosmetipos: quia cristus
ihesus in vobis est? Nisi forte reprobi estis. Spero autem quod cognosce-
tis: quia nos non sumus reprobi. O-
ramus autem deum ut nichil mali faciatis non ut nos probati appareamus
sed ut vos quod bonum est faciatis
Nos autē ut reprobi simus. Non enī
possumus aliquid aduersus veritatem:
sed pro veritate. Gaudemus enī quoniā
nos infirmi sumus: vos autē potentes
estis. Hoc et oramus: vestrā ꝯsūmatio-
nem. Ideo hec absens scribo: ut nō presens durius agā secūdm potestatē quā
dūs dedit michi in edificationē et nō
in destructionē. De cetero fratres gau-
dete: perfecti estote: exhortamini: idipm
sapite. Pacē habete: et deus pacis et
dilectionis erit vobiscū. Salutate in-
uicem in osculo sancto. Salutāt vos
omēs sancti. Gratia dūi nostri ihesu
cristi: et caritas dei: ⁊ cōmunicatio sancti spiritus sit cū omībꝫ vobis amē. Explicit epla scda ad corinthios. Incipit plogus in eplam ad galathas.
Galathe sunt greci. Hij verbū veritatis primū ab a-
postolo acceperūt: sed post
discessū eius tēptati sūt a fal-
sis apostolis: ut i legē ⁊ circūcisionē ne ver-
terent. Hos apostolus reuocat ad fidē veritatis: scribēs eis ab epheso. Explicit
plogus. Incipit epla ad galathas.
Paulus apostolus
nō ab hominibꝫ ne-
qꝫ per hominē sed p
ihesum cristū et deū
patrē qui suscitauit
eū a mortuis: et qui
mecū sunt omnes fratres: ecclesijs ga-
lathie. Gratia vobis ⁊ pax a deo patre
nro et dūo ihesu cristo: qui dedit semet-
ipm pro peccatis nrīs ut eriperet nos
de presenti seculo nequā secūdm voluntatē
dei et pris nrī: cui est gloria in secula se-
culoꝝ amen. Miror qd sic tā cito trans-
feremini ab eo qui vos vocauit i gra-
tiā cristi in aliud euangeliū qd nō est
aliud: nisi sunt aliqui qui vos contur-
bāt: et volūt ꝯuertere euangeliū cristi.
Sed licet nos aut angelus de celo eu-
angelizet vobis preterqꝫ quod euāge-
lizauimus vobis: anathema sit. Sicut
predixim⁹ ⁊ nūc iterū dico: si quis vobis euangelizauerit preter id quod ac-
cepistis: anathema sit. Modo enī hominibꝫ suadeo: an deo? An quero hominibꝫ placere? Si adhuc hominibꝫ
placerē: cristi seruus nō essem. Notū enī
vobis facio fratres euangeliū qd euā-
gelizatū est a me: quia nō est secūdm hominē. Neqꝫ enī ego ab homine accepi
illud neqꝫ didici: sed per reuelationem

Die Antwort ist einfach: Wäre es dein Buch, bräuchtest du dieses hier nicht. Aber du hast dieses hier gekauft, weil es dir hilft, endlich DEIN BUCH zu schreiben und

Warum ist dies noch nicht DEIN BUCH?

zu publizieren. Dieses Buch hier habe ich mit vielen Fragen bestückt. Manche davon hast du dir sicher selbst schon gestellt. Denn das mit den Fragen ist immer eine gute Methode. Ich erinnere mich, in meiner Jugend ein großer Fan von Inspektor Columbo gewesen zu sein. Dieser Kriminalkommissar hatte seine eigene Methode. Er kam immer zur richtigen Zeit mit einer entscheidenden Frage. Meistens nach dem Verabschieden, oder noch kurz in der Tür beim Hinausgehen: «...Äh, entschuldigen Sie, eine Frage hätte ich da noch...»

Dazu werden später noch eine Menge anderer Fragen auftauchen. Stelle dir jetzt einmal vor, es wäre DEIN BUCH. Es würde bestimmt ganz anders aussehen. Wie sieht es aus? Ist es dicker, größer, schlanker? Was wäre

< Eine Seite aus der berühmten 42-zeiligen Gutenberg-Bibel. Gedruckt 1454 in Mainz. Band 2, Blatt 317. Dieses Exemplar ist im Besitz der Staats- und Universitätsbibliothek Göttingen. Von der digitalisierten Ausgabe aus der Herzog August Bibliothek, Wolfenbüttel. www.hab.de. | www.gutenbergdigital.de
Der ästhetische Perfektionsgrad des Schriftbildes ist auch mit den heutigen technischen Möglichkeiten nur mit sehr viel Aufwand zu erreichen.

auf dem Umschlag? Hast du schon einen Titel, der dir nicht aus dem Kopf geht? Welche Schrift würdest du anstelle der hier verwendeten «Quadraat Regular 10.3» bevorzugen? Es hilft, sich genau auszumalen, wie das fertige Buch aussehen könnte. Es fokussiert deine Gedanken auf dein Ziel hin.

Du kannst dir auch einen Film vorstellen. Eine kleine Drohne mit Filmkamera fährt ins Haus und in die Wohnung deiner besten Bekannten, vielleicht deiner Mutter, deines Vaters. Du siehst, was die Kamera filmt: Du siehst die Person auf dem Sofa oder in einem Sessel sitzen. Du siehst einen gewissen Stolz auf dem Gesicht der Person.

Die Person hat ein Buch in den Händen, auf dem Tisch liegt noch die Verpackungshülle, mit den Fingern streicht sie über den Einband, dreht das Buch, liest den Rückseitentext. Dann blättert sie es auf, noch etwas ziellos. Die Kamera fährt nah auf die Augen dieser Person. Sie liest. Sie liest DEIN BUCH. Sie schmunzelt.

  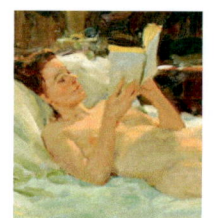 

Und dann ist das Bild schwarz. Du weißt, es ist nur eine Vorstellung gewesen. Du weißt, du bist noch lange nicht so weit. Du hast noch einen weiten Weg vor dir. Es ist hoffentlich so, dass dieses Buch hier dir einen neuen Kick gibt, um weiterzukommen. Mit dem entscheidenden Anstoß zu einem neuen Anfang. Ich habe Erfahrungen mit Anfängen.

«Jedem Anfang wohnt ein Zauber inne.» Diese Zeile hat Hermann Hesse in seinem Gedicht «Stufen» geschrieben. Und dieses Gedicht findet sich im letzten großen, zweibändigen Roman von Hermann Hesse. Der Roman «Das Glasperlenspiel» erschien 1943. Und es war Hesses letzter Roman. Hermann Hesse war bereits 66 Jahre alt! So alt muss man werden, um im Anfang einen Zauber zu entdecken.

Bis dahin ist es oft ein Kampf. Und immer wieder. Und immer wieder neu. Doch davon später. Oder einfach fertig jetzt? – Vielleicht ist es ja besser, gar nicht erst anzufangen.

Wenn du beim vorangegangenen Satz gezweifelt hast, lies unbedingt weiter. Wenn du nicht gezweifelt hast, lies trotzdem weiter. Meistens weiß man erst am Schluss, was man hat. Inspektor Columbo löste seine Fälle erst, als er dem Täter die entscheidende Frage gestellt hatte.

<< Bilderserie lesende Frauen. Es bleibt eine Tatsache, dass Frauen mehr Bücher kaufen und lesen als Männer. Zumindest in Deutschland. Auf die Frage: «Haben Sie mindestens ein Buch pro Jahr gekauft» antworteten 53 % der Männer und 63 % der Frauen mit Ja. (Quelle: Börsenverein des Deutschen Buchhandels) Illustrationen © David Hettinger – https://www.hettingerstudio.com

Auch dafür hat der findige Kommissar Columbo eine Antwort. Du hast nämlich schon öfter angefangen. Und dein Projekt immer wieder beiseite geschoben. Es gab Wichtigeres. Es gibt sogar einen wissenschaftlichen Namen für dieses Verhalten: Prokrastination. Mit diesem Begriff wird die «Kunst» bezeichnet, anstehende Pendenzen aufzuschieben. Da bist du übrigens in bester Gesellschaft: Etliche große Schriftsteller kämpfen bzw. kämpften mit diesem psychisch belastenden Zustand.

Warum fängst du nicht gleich jetzt an?

Im Gegensatz beispielsweise zu Thomas Mann, der praktisch jeden Tag, sein ganzes schriftstellerisches Leben, genau von neun bis zwölf Uhr arbeitete, also am laufenden Romanprojekt schrieb. Den Rest des Tages verbrachte er mit Lektüre, Nachdenken, Spazieren und dem, was alle Nicht-Nobelpreisträger auch tun: Essen, Trinken, Schlafen, Lieben, Rechnungen bezahlen...

Der gleiche Thomas Mann hat in seiner Novelle «Tristan» über einen anderen Schriftsteller geschrieben. Er hatte Detlev Spinell beim Schreiben eines Briefes beobachtet und sich darüber amüsiert, dass dieser so langsam schrieb. «Wer ihn sah, der musste zu der Anschauung gelangen, dass ein Schriftsteller ein Mann ist, dem das Schreiben schwerer fällt als allen anderen Leuten.»

Da mag Thomas Mann sogar recht haben. Manche Autoren ringen um jedes Wort. Manchen gelingt dann tatsächlich ein flüssiger Satz. Manche stellen die Wörter so lange um, drehen die Formulierungen, bis kein Satz mehr lesbar ist. Doch davon in späteren Kapiteln.

Zurück zum Thema Disziplin und Selbstmotivation. Ein ganz einfacher Trick – Tricks sind aber immer nur einfach, wenn man sie beherrscht – ist folgender. Er beginnt im Denken. Anstelle also zu denken «Ich werde es tun», wird es konkret: «Ich schreibe heute, genau um 16 Uhr, zwei Seiten.» Das mit 16 Uhr ist allerdings für die meisten Leute genau die falsche Zeit, weil dann bekanntermaßen der Biorhythmus auf einem Tiefpunkt ist. Das wissen die Prokrastinationisten ganz genau.

Nach der fokussierten inneren Stimme kommt eben als Nächstes die Umsetzung in den Alltag. Eine Zeit definieren, die eingehalten werden kann. Eine Schreibmenge, die nicht Angst macht. Für den einen ist das ein Abschnitt, für den anderen eine Seite. Es gab sogar einen legendären Schreiber, der es auf 110 Wörter pro Minute brachte.

Weil wir ja alle ganz versessen auf Rekorde sind, will ich dieses Beispiel genauer ausführen. Jack Kerouac war ein amerikanischer Schriftsteller, der 1969 starb. Er hatte ein recht turbulentes junges Leben. Mit vielen Reisen, mit vielen Drogen und in Freundschaft mit schillernden Gestalten wie William S. Burroughs, Allen Ginsberg, Neal Cassady.

Mit 29 schrieb er seinen ersten Roman «On the Road». Er schrieb ihn in drei Wochen. Immer in atemlosem Tempo eine Seite, dann klebte er diese an die nächste, und so weiter. Es entstand eine 35 Meter lange Rolle. Die Papierbahn symbolisierte für ihn auch die Straße, das Unterwegssein und den Titel «On the Road». Das besondere Manuskript erschien dann 1957 als Buch. Und es wurde ein Bestseller.

Auch das vorliegende Buch hier entstand in 20 Tagen – zwischen dem 10. Juli und dem 30. Juli 2017 (Text und Layout). Und genau wie bei Kerouac zählt nicht die eigentliche Zeit des Schreibens. Es zählt die Zeit davor. All die Jahre, in denen man Erfahrungen ausgewertet, Enttäuschungen und Misserfolge durchlitten hat.

Kleine Merkwürdigkeiten sammelten sich im Laufe der Jahre, ob im Notizbüchlein oder nur im Kopf, das spielt keine Rolle. Ich selbst habe schon vor mindestens zehn Jahren mit der Idee für dieses Buch gespielt. Dass ich die Idee erst jetzt realisiert habe, ist im Nachhinein betrachtet ein Glücksfall.

Denn nur so konnte das Büchlein so werden, wie es jetzt ist. Alle bisher von mir geschriebenen, begleiteten und realisierten Bücher haben kleine Erfahrungs-Bausteinchen dazu geliefert. – Also heißt das, dass es sich lohnt, noch zu warten, noch zu sammeln, jetzt noch gar nicht anzufangen?

> Wer mit Büchern zu tun hat, weiß, dass man sich schnell verrennen kann. Und wer mit dem Kopf durch die Wand will, zahlt viel Lehrgeld. Die Skulptur des Schweizer Künstlers Kurt Laurenz Metzler war unter anderem an der Triennale in Bad Ragatz zu sehen. © Foto Helmut W. Rodenhausen

Kurz: Du ersparst dir eine Menge Ärger. Viele Stunden, die du für Gescheiteres verwenden könntest, gehen drauf. Deine Liebsten um dich herum werden dir dankbar sein, wenn du es nicht tust. Denn es würde etliche Tage geben, an denen du unausstehlich wärest. Okay, die gibt es auch so? – Wir kommen darauf zurück. Ja, dann sieh dir doch einmal genau an, was du vorhast. Aha, eine Biografie.

> *Warum ist es besser, kein eigenes Buch zu schreiben?*

Deine eigene? Manche beginnen schon im zarten Alter von 18 Jahren, ihrer Biografie das richtige Make-up zu geben. Und es soll tatsächlich Menschen geben, die mit 20 schon mehr erlebt haben als andere mit 80.

Bist du sicher, dass dein Leben, deine Lebensgeschichte, wirklich so spannend ist, dass sich noch jemand anderes dafür interessiert als deine gegenwärtige Freundin oder dein gegenwärtiger Lebenspartner?

Wie vielen Menschen hast du schon Episoden aus deinem Leben erzählt? Wie viele haben dabei heimlich ihre Mailliste auf dem Handy gecheckt? Wie viele haben sich mitten in deinen Erzählungen wegen eines dringenden Termins verabschiedet, sie hätten den um ein Haar vergessen?

Es werden Tage ins Land ziehen, an denen du es bereust, angefangen zu haben. Weil du merkst, du bist erst auf Seite 23 – von geplanten 480. Es werden Stunden kommen, kurz vor dem Einschlafen, an denen du eben nicht einschlafen kannst. Weil sich deine Romanfiguren im Kreis drehen. Sie tanzen dir auf der Nase herum. Sie verspotten dich. Sie nennen dich eitel, größenwahnsinnig, stümperhaft – je nachdem.

Unabhängig vom Inhalt, von der Schreiblust und wirst du auch anderweitig zu kämpfen haben. Mit der Rechtschreibung, der Grammatik, der Syntax. Du wirst schöne Redewendungen verfluchen, weil sie nirgends hinpassen, die du aber so unheimlich gerne hast. Du wirst Dialoge durchstreichen, die dir in Gedanken das Herz zerreißen, so rührend waren sie gedacht und so hölzern kamen sie dann daher.

ja, dann die ortsüblichen Ausfälle des Internets, wenn du gerade kurz davor bist, die richtigen Hintergründe und Beweise für deine Figuren auf der Suchmaschine gefunden zu haben. Computerprogramm-Horrorszenarien von versehentlich gelöschten Seiten, ja ganzen Dateien, ganzen Ordnern. Erspar dir das doch!

Wenn DEIN BUCH gar keine Biografie werden soll, gar kein Roman, sondern eine Chronologie mit vielen

Bildern? Um so verrückter! Die Dutzende von Bild-
dateien, denen du alle ein ähnliches Format geben willst,
die alle das gleiche Suffix .jpg oder .tiff oder .png oder
sonstwas tragen sollten. Gar nicht zu reden von der
Farbtemperatur, dem Kontrast, dem Bildausschnitt. Und
schließlich all die Fotos, die du noch gar nicht hast. All
die Sujets und Objekte, die du noch fotografieren musst.

Es gibt Hunderte Gründe, warum es besser ist, kein
eigenes Buchprojekt zu beginnen. Und es gibt nur einen
einzigen Grund, sofort ans Werk zu gehen. Der heißt:
«Trotzdem!», am besten mit drei Ausrufezeichen!!!

Wenn pro Jahr in Deutschland über 80'000 Titel auf den Markt kommen
(2016 waren es 89'506), warum soll dann ausgerechnet DEIN BUCH sich da
behaupten können? – Weil es immer wieder unglaubliche Ausnahmen gibt,
siehe Seite 28 und Seite 31.

Genau: Weil du dieses «Trotzdem» gespürt hast. Weil dich dein Thema so sehr beschäftigt, dass du es nicht mehr los wirst. Weil du bei Büchern, die du gelesen hast,

Warum ist es für dich notwendig, DEIN BUCH zu schreiben?

an einigen Stellen dachtest: Das kann ich auch, vielleicht sogar besser. An anderen Stellen hast du nur stumm vom Text aufgeschaut und dir gewünscht, je so schreiben zu können. Das wirst du nie können – auch davon später. Aber wenn du immer wieder einmal beim Lesen anderer Texte ähnliche Gedanken hast, dann bist du schon ziemlich weit. Beziehungsweise ziemlich nahe am Anfang.

Hier könnte jetzt eine Checkliste stehen, die auszufüllen wären: «Gründe für mein Buch». Eine Checkliste also, in der du alles, was dir dazu in den Sinn kommt, einträgst. Wenn die Liste mit etwa 15 bis 20 Gründen voll ist, bewertest du jeden einzelnen Grund nach Wichtigkeit mit Punkten zwischen 1 und 6.

Dann druckst du dir die drei bedeutsamsten Gründe aus und hängst den Zettel dort Ort auf, wo du dich am häufigsten aufhältst. An den Badezimmerspiegel, an die Türe zur Duschkabine, über der Kaffeemaschine usw. Du kannst die Gründe auch im ganzen Haus, in allen Zimmern verteilen.

Genau: Wo ist denn eine solche Checkliste? – Ich hasse Checklisten. Viele davon mögen ja recht nützlich sein. Die meisten, die ich ausgefüllt habe, sind längst im Altpapier, vielleicht stecken sie gerade im Papier dieser Buchseite. Oder sie wurden zu Toilettenpapier verarbeitet, gehen sozusagen am Arsch vorbei.

Das ist eben der Punkt: Es bleibt oft zu wenig haften. Von den Gedanken in den Checklisten, meine ich natürlich. Auch dazu später mehr. Machen wir das Gedankenspiel doch konkreter. Hier drei Gründe, die ich für meinen noch nicht beendeten und immer wieder angefangenen Roman an die oberste Stelle setze:

■ Ich will die Geschichte, die mich persönlich stark betroffen gemacht hat, in eine spannende Form bringen (zum Beispiel die Geschichte eines Nachbarn, der als Kindersoldat eingesetzt wurde, es später mit Erfindungen zum mehrfachen Millionär brachte und später recht einsam aus dem Leben ging).

■ Ich will natürlich, dass dieses Buch gelesen wird, und erhoffe mir doch einige, wenn nicht viele zustimmende Leserinnen- und Leserurteile.

■ Ich will mir selbst beweisen, dass ich in der Lage bin, über mehrere Monate, vielleicht sogar Jahre, am gleichen Projekt zu arbeiten – und es zu Ende zu bringen.

Diese drei Punkte haben unter Umständen für dich überhaupt keinen Wert. Denn es sind nicht deine Motivations-Impulse. Schreiben hat immer mit Selbstmotivation zu tun. Es ist genau gleich wie beim Joggen oder beim Schwimmen. Wenn es zu dir gehört, dass du wöchentlich einmal hundert Längen im Hallenbad schwimmst, dann hast du andere Motivations-Impulse als deine Freundin, die sich auf Pilates eingeschworen hat.

Und doch gibt es Gemeinsamkeiten: die Unlust oder Unpässlichkeit, überhaupt rauszugehen und anzufangen, die körperlichen oder seelischen Zustände, der tote Punkt, der nach begeistertem Anfang bald einmal kommt.

Darum: Wenn schon eine Checkliste, dann mache sie bei einem langen Spaziergang im Kopf. Und sei nicht unwillig über dich, wenn du nach Hause kommst, dir aber gar nichts eingefallen – oder alles wieder entfallen ist.

> Jeder Text hat einen Grundton. Bei einem historischen Roman ergibt sich diese Tonalität schon fast von selbst. Aber auch bei einer ganz einfachen Erzählung arbeitest du bewusst oder unbewusst mit Stimmungen – ähnlich wie in der Musik. Spüre schon bei der Konzeption und der Inhaltsstruktur nach, auf welcher «Klaviatur» du spielen willst.
Bild: Eingangsportal einer historischen Villa bei Luzern © Helmut W. Rodenhausen

Weil es jetzt wirklich kein Zurück mehr gibt. Du hast bis hierher gelesen. Du hast dir deine Gedanken gemacht, die du vielleicht schon Hunderte Male gemacht hast,

Warum solltest du jetzt endlich anfangen?

aber nie so konkret. Jetzt siehst du sie auf eine andere, neue Art. Du siehst klarer. Ist ja einleuchtend: Klarheit ist etwas vom Wesentlichsten, um das Ziel zu sehen – und genauso die möglichen Hindernisse, die auf dem Weg liegen können. Ich kann es mir nicht verkneifen, auch hier anzumerken: dazu später mehr.

Jetzt musst du darangehen, deine Gedanken noch einmal zu prüfen, weiter zu schärfen. Die meisten Schreibwilligen haben tausend Ideen, die ihr Buchprojekt befeuern. Es kommt zu Strohfeuern, riesige hoch auflodernde Flammen, begeistertes Staunen über diese innere Energie, dann – wusch – es regnet, ein Windstoß und die Sache ist vorbei.

Wir Menschen sind merkwürdige Geschöpfe. Wir können in Träumen und Träumereien Luftschlösser entstehen lassen, die tatsächlich bewohnbar sind. Gebäude, die Türmchen haben und Fenster und Treppen und Säle und heimliche Kemenaten und natürlich ein riesiges Land drumherum, wo man im vollen Galopp über die Wiesen jagen kann.

Umgekehrt bringen wir es nicht fertig, die einfachsten Dinge zu beschreiben. Darum gehe nach der alten Methode vor: Sieh nicht die riesige Maschine vor dir, sondern nimm dir die erste Schraube – und dann suche die passende Mutter dazu.

Apropos Mutter. Meine Mutter staunte oft über meiner überbordende Fantasie. Ein einziger Satz konnte mich wieder auf den Boden holen: «Wenn deine Ideen gut sind, dann denk daran, dass vielleicht andere Menschen genau jetzt auch an diesen Ideen herumschrauben. Mach es konkret, jetzt!»

Eigentlich hatte ich zu Beginn des Büchleins vor, bewusst keine Rezepte zu geben. Es sollten lediglich Anstöße werden, damit du über dein eigenes Projekt Klarheit bekommst, damit du dich in DEINEM BUCH wiederfindest.

Jetzt merke ich beim Schreiben, dass ich doch Tipps geben will. Lies bitte diesen Satz noch einmal. «Jetzt merke ich beim Schreiben...»: Dieser Satzanfang betrifft bereits den ersten Tipp. Schreibe! Setz dich hin, schreibe und vertraue einfach darauf, dass dich das Schreiben trägt, führt, zieht. Aus dem einen Satz entsteht der nächste. Das ist eine der möglichen Methoden, um anzufangen.

Beginne mit dem Beschreiben. Das ist vergleichbar mit den Fingerübungen, vergleichbar mit den Tonleitern und Intervallen, die ein Musiker auf seinem Instrument täglich exerziert. Selbst die besten Künstler – und gerade die – üben täglich einzelne Töne. Ohne bereits Melodien und Spannungsbögen zu erwarten. Warum soll es bei Schreibkünstlern denn anders sein?

Nimm dir einzelne kleine Szenen vor, die dir für dein künftiges Buch wichtig erscheinen oder die dir gerade einfallen. Beschreibe die Menschen, wie sie sich bewegen, den Ort, wo sie sich befinden, die Helligkeit des Tageslichtes oder das Diffuse des schummrigen Kunstlichtes, die Temperatur, den Staub, die Geräusche und Gerüche. Wie fühlte sich das nasse Stück Holz an, das du in deinen letzten Ferien am Strand von Ibiza oder an der Ostsee aufgelesen hattest? Es braucht keine Handlung. Es soll bewusst keine Handlung sein.

Und noch etwas, das ich immer empfehle: ein Logbuch. Ein leeres Buch nur für dieses Projekt. Auf die linke Seite kommen spontane Formulierungen, Beschreibungen, Szenen, Dialoge. Auf die rechte Seite kommen Daten und Fakten, Inspirationen, Zitate, Recherche-Ergebnisse, Assoziationen. Das soll ein «Tage»-Buch werden. Also wenn immer möglich täglich zu gebrauchen. Darum muss es einigermaßen handlich sein.

Junge, geübte Smartphone- und Tablet-User können das Ganze auch digital einrichten oder gängige Programme dazu im Internet finden. – Pardon, nicht nur junge... Come on, let's start!

Als Einschub eine der vielen unglaublichen Geschichten:

Da gab es vor rund zehn Jahren eine Amerikanerin, damals ein eher schüchternes Mädchen von knapp zwanzig Jahren. Sie schreibt Fantasy-Geschichten, Liebesromanzen in leicht lesbarer Sprache. Immer wieder kontaktiert sie Verlage, um das mittlerweile auf ein gutes Dutzend Bücher angewachsene Œuvre anzubieten. Dann befasst sie sich mit der Selbstveröffentlichung: Im März 2010 bereitet sie die Dateien als E-Book für den Kindle-E-Book-Reader auf und lässt sie bei Amazon listen. Damit beginnt ihre Erfolgswelle. Ihre Bücher sind billig und verkaufen sich nicht nur hundert-, sondern tausendfach. Heute sollen ihre Gesamtverkaufszahlen bei über einer Million liegen. Und ihr Kontostand ebenfalls. Ihre ehemalige, sehr amateurhafte Blog-Seite ist längst umgestaltet. Weil Amanda Hocking, so heisst die junge Dame, eine Firma gegründet hat mit einer professionellen Website: www.HockingBooks.com

Die Antwort ist hier: Weil jeder Mensch schon von Kind auf gelernt hat, wie man etwas anfängt. Spontan, ohne Zwang, ohne Zeitdruck. Erinnerst du dich an deinen ersten Versuch, eine Treppe hochzusteigen? Nicht das Krabbeln, nein, das Heben eines Fußes, das Suchen des Gleichgewichts, das Abstemmen mit dem anderen Fuß, die Verlagerung des Gewichtes nach vorne, der Moment, an dem der hintere Fuß auf die gleiche Stufe kommt und du wieder aufrecht stehen konntest.

Warum ist der Anfang gar nicht so schwer?

Jedes Kind hat das geübt. Immer und immer wieder. Es hat einfach angefangen. Immer wieder angefangen, bis es ging, bis es besser ging. Bis es gar keine Frage mehr war, dass man es kann.

Dieser «Flow» ist beflügelnd. «Flow – Das Geheimnis des Glücks» war in den Neunzigerjahren ein Buch, das vielen kreativ tätigen Menschen half, über Schwierigkeiten hinwegzukommen. Der im heutigen Kroatien geborene und an der University of Chicago tätige Professor der Psychologie Mihály Csikszentmihályi hatte schon 1975 sein grundlegendes Gesetz entdeckt: Menschen, die genau in der Balance zwischen Unterforderung und Herausforderung stehen, sind am ehesten in der Lage, kreative Leistungen zu erbringen. Diesen Zustand beschrieben und beschreiben sie als ein «völliges Vergessen der Zeit». Du kannst das auch mit «Hingabe» oder «wie im Rausch» benennen.

Natürlich hält nicht alles, was in diesem «Flow» entsteht, einer nachträglichen Überprüfung stand. Aber ich behaupte, dass gut lesbare, spannende, packende Texte nur in einem solchen «Flow» entstehen können. Es ist fast wie Magie: Der Schreiber, wie der gerade im Entstehen begriffene Text wie die zukünftige Leserin bzw. der Leser sind in diesen Momenten sozusagen eins.

So können sich aus dem Schreiben heraus Geschichten entwickeln. Aus der Geschichte heraus können neue Figuren auftauchen. Es können Einschübe kommen, die aus dem gerade Erlebten Sinn machen. Und es kann ein Roman oder eine Erzählung in einer Ecke landen, wo der Schreibende selbst noch gar nie war, niemals daran gedacht hat.

Schreiben um des Schreibens willen ist für viele Schreibende ein idealer Glückszustand. Peter Handke soll gesagt haben: «Ich weiß, mit dem Erlebnis der stillen, geheimnisvollen, prächtigen Gegenwart, dass ich in der Arbeit keinen Moment vorausdenken darf – sonst werde ich scheitern. Ich darf nie wissen, was mich erwartet.»

Also, sich einfach hinsetzen, möglichst jeden Tag, möglichst in strukturiertem Rahmen: und dann losschreiben. Und plötzlich sind 400 Seiten da, plötzlich ist der Roman oder das sonstige Buch fertig. Nicht ganz. Na, du weißt schon …

Als Einschub noch eine der vielen unglaublichen Geschichten:
Die zurzeit jüngsten Bestseller-Autoren sollen zwei indische Brüder sein, Suresh und Jyoti Guptara. Sie sind Zwillinge und leben mittlerweile im zürcherischen Weinfelden. Geboren wurde das Zwillingspaar am 22.11.88. Das könnte schon wegen der Zahlenkombination magisch sein. Magisch aber ist der Erfolg mit ihren Büchern.
Sie schreiben, seit sie elf sind. 2006 erschien aber dann ihr Buch «Calaspia. Die Verschwörung». Zunächst in Indien, dann in Deutschland. Mittlerweile sind sie beim Rowohlt-Verlag unter Vertrag und es sind bereits vier Folgen von «Calaspia» auf dem Markt. www.twins.guptara.net

Das ist eine von jenen rhetorischen Fragen, bei denen zuerst etwas geklärt werden muss: Für wen ist es schwer? Wenn du im vorangegangenen Kapitel mehrmals genickt hast, leise überlegt hast, «Ja, das kenne ich», dann wird dir die Frage dieses Kapitels blöd vorkommen. Doch, es soll tatsächlich Leute geben, die sich nerven, wenn sie nicht über den Anfang hinauskommen.

Warum ist es trotzdem so schwer, immer wieder von vorn anzufangen?

Am meisten dann, wenn sie all die ausgedruckten Blätter mit den unbefriedigenden Texten zusammenraffen, um sie in die Altpapiersammlung zu tragen. Schreiben kann Schwerstarbeit sein. Und wer viel arbeitet, braucht Struktur.

Darum ein Lob an eine der wichtigsten menschlichen Errungenschaften: die Disziplin. Um an einem Buchprojekt dranzubleiben, geht es nicht ohne. Es geht überhaupt nicht ohne. Und weil das so ist, haben eine Menge gescheiter Leute gute Rezepte erfunden, die sie Motivation nennen.

Ich bin in einer sechsköpfigen Familie aufgewachsen, als jüngstes Kind. Da waren die Eltern schon ziemlich erschöpft vom vielen Erziehen. Die konsequenten Linien haben sich mehr und mehr verwischt. Ich war in keiner Pfadfindertruppe, Militärdienst habe ich auch nicht geleistet. Was ich aber schnell gelernt habe: tausend Schlupflöcher zu entdecken, um Arbeit hinter mir zu lassen.

Sie hat mich immer wieder eingeholt. Meistens brachte die eine unerledigte Arbeit dann noch ihre Kolleginnen und Kollegen mit und es wurde aus einer kleinen Aufgabe ein Riesending, um das ich dann doch nicht herumkam. Das zwang mich mit der Zeit dann, so etwas wie Disziplin zu üben. Wohlverstanden: Ich übe immer noch.

Einige Rezepte zum Üben der Disziplin könnten heißen: einen festen Tagesplan aufstellen – Immer wieder Pausen machen – die Frischluft nicht vergessen – Belohnungen in Aussicht stellen – sich gesund ernähren – Geborgenheit in der Familie – Rückzug in dein eigenes Refugium ...

Wären all diese Rezepte kassenpflichtig, ich könnte gut damit leben. Aber dann kommen die kleinen Motivationskicks hinzu, die wirklich jeder selbst bezahlen muss und die ins Geld gehen können: Schokolade, Nikotin, Kaffee, Alkohol, Aufputschmittel, Drogen usw. Apropos Kaffee: «Wenn ich wach bin, brauch ich keinen Kaffee, aber ohne Kaffee bin ich nicht wach. Ich will von mir nicht behaupten, ich trinke unheimlich viel Kaffee. Aber es gibt in Südamerika Kaffeebauern, die stolz ein Foto von mir herumzeigen.» Ein Spruch, der übrigens nicht von mir ist, der stammt von «Pinterest».

Internetplattformen können tatsächlich eine Motivations- und Inspirationsquelle sein. Doch ohne Weiteres könnte man die Sprüche- und Zitatensammlungen auch als Suchtmittel einordnen. Die Wirkung ist genau wie bei Drogen: Kleine Dosen beflügeln, zu viel macht wirr bis hin zum Blackout.

> Sich im Internet auf Plattformen zu informieren und inspirieren zu lassen, gehört bei vielen Jugendlichen zum täglichen Medienkonsum. Pinterest.com ist nur eine der vielen Möglichkeiten, yumpu.com / instagram.com / youtube.com und viele Blog-Seiten, die eine bestimmte Community bedienen, gehören ebenfalls dazu. Rechts eine beliebige Abbildung von pinterest.com zum Stichwort «Kreatives Schreiben».

ABC Kurzgeschichten und Märchenfiguren

⚷ 709

ABC Kurzgeschichten

...

Zela
Kreatives Schreiben

"Habe keine Angst", wisperte ich in sein Ohr, während ich…

⚷ 13,3k

Zela
Kreatives Schreiben

Wie veröffentliche ich mein Manuskript? #2 Einstieg in einen…

⚷ 139

Wie finde ich den Einstieg in einen (renommierten) Verlag?…

Zela
Kreatives Schreiben

Wie veröffentliche ich mein Manuskript - Teil #4 eBook-Label

⚷ 70

Kleine eBook-Label

Übe
sei e
erzäh
mach

Plo
and
Ges
im l

Wid
mit
der
läs

Cop
eine
Ein

Die
W
e
w

Weil du es schon lange mit dir herumträgst. Es gehört sozusagen im Gewohnheitsrecht alleine dir. Du hast, so stelle ich es mir vor, Stunden um Stunden damit verbracht, Gespräche zu führen, Materialien zu sammeln, den roten Faden zu finden ... Uups! Der rote Faden ... Das ist das Stichwort, das bis jetzt noch gar nicht aufgetaucht ist. Was hat es denn mit dem auf sich? Schön wäre es, wenn es den zu kaufen gäbe? – Das ist gar nicht so absurd, wie es klingt. Doch dazu später auf Seite 37.

Warum ist dein Thema ganz alleine dein Thema?

_ _ _ Jetzt habe ich mitten im Text aufgehört, weiterzuschreiben. Ich wollte wissen, was es mit dem roten Faden auf sich hat. Ob der identisch ist mit dem Ariadnefaden. Du weißt, die gute Ariadne gab ihrem Geliebten Theseus einen Faden als Geschenk.

Der nämlich, der Theseus, wollte doch den Minotaurus töten. Das war ihm zuzutrauen, und er hat es ja auch geschafft. Aber, so fragte sich die kluge Ariadne, würde es ihr Geliebter auch schaffen, aus dem Labyrinth, wo der Minotaurus sein «Zuhause» hatte, herauszufinden? Alles klar, er schaffte mit dem Ariadnefaden auch das. Der Ariadnefaden ist ein kluges Instrument. Du kannst mit ihm auch den Weg zurückverfolgen, den deine Ideen und Projektstadien für DEIN BUCH genom-

men haben. Erinnere dich an das Logbuch. Das enthält
für dich viele solcher Ariadnefäden, falls du systematisch genug deine Eintragungen gemacht hast. Den Weg
zurückzufinden bewahrt einen manchmal vor schlimms-
ten Abstürzen und tödlichen Gefahren. Höhlenforscher
beispielsweise können ein Lied davon singen. Wenn sie
überhaupt noch singen können – ohne diesen Faden.
Also noch mal: Denk an dein Logbuch!

Der Ariadnefaden gilt für rückwärts, er kann also
nicht der rote Faden sein. Ich hab in Wikipedia nach-
geschaut. Weil die Beschreibung so schön ist und vielleicht eine direkte Spur für deinen roten Faden gibt, hier
die zitierte Stelle.
(https://de.wiktionary.org/wiki/roter_Faden):
«Unter einem ‹roten Faden› versteht man eine Spur,
einen Weg oder auch eine Richtlinie. Etwas zieht sich
wie ein roter Faden durch etwas. (Hier) übernommen
aus den ‹Wahlverwandtschaften› von Johann Wolfgang
von Goethe:

‹Wir hören von einer besondern Einrichtung bei der
englischen Marine. Sämtliche Tauwerke der königlichen
Flotte, vom stärksten bis zum schwächsten, sind derge-
stalt gesponnen, dass ein roter Faden durch das Ganze
durchgeht, den man nicht herauswinden kann, ohne
alles aufzulösen, und woran auch die kleinsten Stücke

kenntlich sind, dass sie der Krone gehören.› (...) ‹Ebenso zieht sich durch Ottiliens Tagebuch ein Faden der Neigung und Anhänglichkeit, der alles verbindet und das Ganze bezeichnet.›»

DEIN BUCH wird unverkennbar wirklich dein Buch, wenn du deine Themen zu einem eigenen Strang verknüpfen oder verweben kannst. Das kann eine chronologische Erzählweise aus der Sicht einer ganz markanten Figur sein. Das kann aber auch der fortlaufende Wechsel aus der Sicht der verschiedensten Figuren sein. Du kannst Zeitzeugen immer wieder auftauchen lassen, die einen Kommentar abgeben usw.

Weil dein Thema nur dein eigenes Thema ist, muss es auch kein roter Faden sein, es kann ein gelber, ein moosgrüner, ein himmelblauer oder ein grabesgrauer Faden sein. Er kann hauchdünn, aber sehr fest sein oder armesdick und zerfasert. Du entscheidest, du probierst die Fäden aus.

< *Wo der Weg hinführt, soll die Leserin und der Leser nur erahnen. Es soll spannend sein, immer wieder bis zur nächsten Biegung unterwegs zu sein, um zu sehen, wie es weitergeht. Wechseln jedoch die Gegend und die Stimmung zu oft, mögen deine Leser dir nicht mehr folgen.* © Foto Helmut W. Rodenhausen

Was, wenn du vor lauter möglichen Fäden nur noch Hirngespinste im Kopf hast? Wenn du nicht mehr weißt, welcher nun und warum? Dann hilft ein Gerüst, eine Struktur. Mach mal ein plumpes Inhaltsverzeichnis.

Geübte können auch mit Mindmapping arbeiten (Beispiel Seite 42). Ein großes Blatt Papier mit deinem Kerngedanken. Davon ziehst du intuitiv und spontan eine Linie zu einem Begriff, der dir als Erstes zu dem Kerngedanken in den Sinn kommt. Und daraus folgen weitere Stichwörter. Falls dir diese Methode nicht vertraut sein sollte: Die Website www.mindmapping.com/ de/ hilft weiter.

Also: Eine Struktur muss her. Hast du keine, mach dir eine. Hast du aber schon eine, prüfe sie noch einmal. Ist sie originär? – Ich meine nicht: originell, ich meine wirklich originär.

Wenn ein Schriftsteller «sein Thema» gefunden hat und auch die passende Form, dann entsteht ein wirklich beglückender Schreibfluss. Martin Walser hat das in einem Interview mit Martin Oehlen (Berliner Zeitung 4.1.2017) so beschrieben: «Da gibt es zum Beispiel ein kurzes Kapitel, was Mann und Frau einander noch sagen – wissend, dass sie nicht mehr alles sagen können, wissend auch, dass der andere nicht mehr alles sagt. Das steht hier auf einer Buchseite – und dafür hat man früher einen ganzen Roman gebraucht. Das Buch ist durch seine Art, finde ich, genauer als Romane sein können. Das hat mir große Schreibfreude gemacht. Das werde ich niemals wiederholen können – und ich werde nie mehr in eine solche Schreibfreude kommen.» – Quelle: http://www.berliner-zeitung.de/25481672

Ganz logisch: Es gab schon so viele tausend Menschen, die geschrieben und ein Thema behandelt haben. Und es gibt gegenwärtig wahrscheinlich Millionen, die über das gleiche Thema nachdenken wie du. Das muss gar nicht demotivierend sein. Im Gegenteil. Du wirst garantiert irgendwann ein Buch oder einen Text in die Finger kriegen, bei dem du denkst: «Das könnte von mir sein.» Du wirst es vermutlich nur etwas anders formulieren.

Warum haben dein Thema auch andere schon behandelt?

Die Geschichte, die du schreiben willst, hat als Basis die gleichen menschlichen Bedürfnisse und Ärgernisse, die auch schon die Sumerer hatten. Die Sumerer nenne ich deshalb, weil sie vermutlich diejenigen sind, die in unserem Kulturkreis die Schriftzeichen erfunden haben und damit das Schreiben und Weitergeben von Texten erst ermöglichten.

Mit deinem Thema allein wirst du kaum einzigartig dastehen können. Mit deiner Art, diese Geschichte zu erzählen, aber schon. Versuche nicht allzu sehr, deinen Vorbildern nachzueifern. Wer schreibt, wird unweigerlich zu Beginn so schreiben wollen wie der berühmte XY. Mit der Zeit und mit der Übung werden sich deine eigenen Ansichten, Aufbau-Strukturen und Formulierungen immer individueller entwickeln.

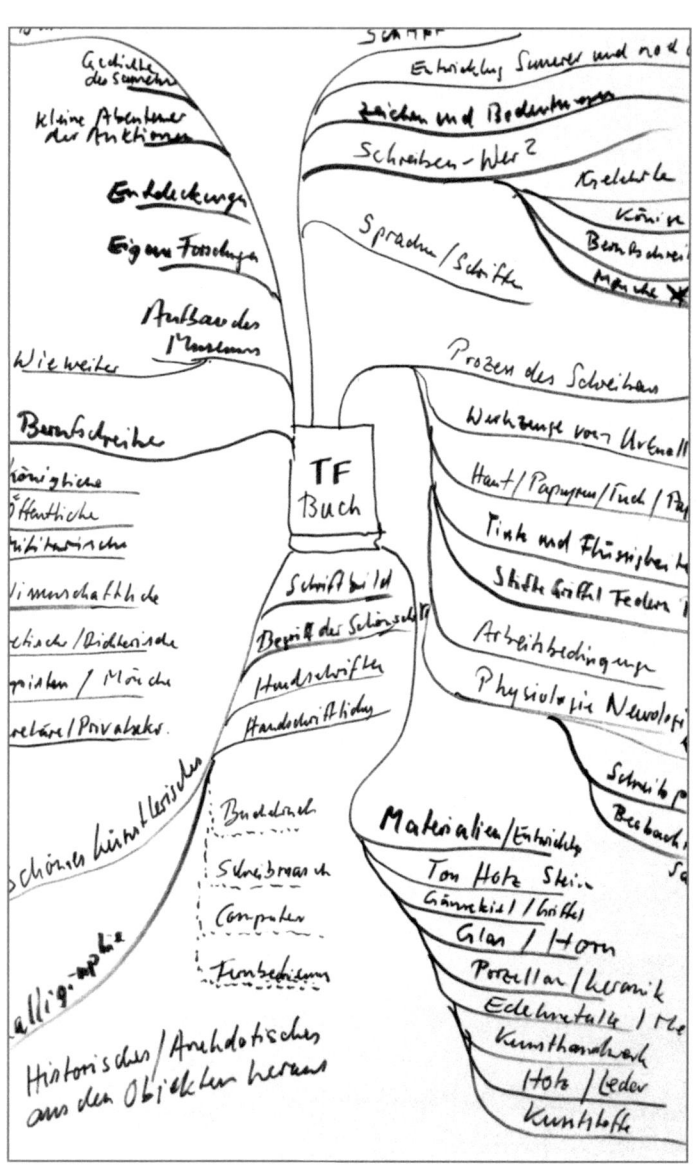

Da sind wir wieder bei dem Begriff «Strukturen». Lass uns zuerst aber noch auf das Adjektiv «originär» zurückkommen. Damit ist das dir «Eigene», «Echte», «Unverkennbare» gemeint. Um dahin zu kommen, dass es durch dein ganzes Buch mitschwingt, wirst du schon sehr viel geschrieben haben müssen. Denn gut zu schreiben ist lernbar, aber nur durch das Schreiben selbst.

Ich gehe davon aus, dass Schreiben unmittelbar mit Beobachten, Hinhören, Reflektieren und Denken zu tun hat. Wenn möglich in genau dieser Reihenfolge. «Halt!», höre ich jetzt die eine oder andere Leserin oder diesen oder jenen Leser rufen, «aber was ist mit den Gefühlen, den Emotionen?» –

Richtig, die sind genauso wichtig. Nur: Mit den Emotionen ist es so eine Sache. Die stehen meistens am Beginn des Sich-nicht-Verstehens. Und als Schreiberin und Schreiber will man verstanden werden. Es braucht schon sehr, sehr viel Übung, um die eigenen Emotionen so zu schildern und in eine Geschichte einzubauen, dass sie richtig aufgenommen werden können.

< So kann beispielsweise eine Mindmap aussehen. Wenn du für dich alleine eine solche Übersicht erstellst, ist es völlig egal, wie sie aussieht. Wichtig bleibt, dass du intuitiv und assoziativ – also spontan – Begriffe hinschreibst, die dir in den Sinn kommen. Ein ganz neuer Überbegriff bekommt wiederum eine direkte Verbindung zur Hauptfrage bzw. zum Hauptthema.

Jetzt aber doch Schritt für Schritt. Wir waren bei der Struktur. Da komme ich auf das «Mindmapping» zurück. Der Vorteil eines solchen «Sudelblattes» ist der, dass da spontan und meist sehr rasch die Grundlage für eine Struktur entsteht. So kannst du nämlich erkennen, was bei deinem Thema auf welche Weise verknüpfbar ist. Mit Markierungen und Farben kommt eine Gewichtung hinzu. Und schon hast du ein grobes Inhaltsverzeichnis.

Wie du das dann verfeinerst, mit welchen Kapitel-Titeln du arbeitest, das ist für die einen ein logischer nächster Schritt. Bei anderen ist mit dieser ersten Struktur die Motivation zum Schreiben schon so groß, dass sie sofort beginnen.

Denn direkt aus dem Schreiben heraus entstehen ebenfalls wieder neue Ideen, und die können dann in eine ganz andere Richtung führen. Wir hatten bereits von Peter Handke gehört (der mit den Schiller-, Grillparzer-, Kafka-, Büchner-, Hauptmann- und vielen anderen Preisen), der nicht gleich wissen will, wohin die Reise beim Schreiben geht.

Dann gibt es andere, wie beispielsweise Martin Suter. Für ihn muss zum Voraus die Richtung ganz klar sein: «Ich kenne die Geschichte und ihr Ende bereits bei Schreibbeginn. Je genauer man das Drehbuch kennt, desto leichter kann man seinen Pfad verlassen, denn man hat immer im Hinterkopf, wohin man wieder zurückkehren muss.»

Wer jedes Jahr einen Bestseller zu schreiben gedenkt, der kommt damit natürlich gut weiter. Für jemanden wie vielleicht dich ist das Experiment schon spannend genug. So zu schreiben, wie nur du es kannst, das ist doch schon etwas. Ganz gleich, ob nachher die Literaturpreise kommen oder sich die Bankkonti automatisch mit Tantiemen «updaten».

Dein Buchthema liegt vielleicht schon lange in der Schublade. Es kann aber auch sein, dass du direkt aus den Ereignissen der letzten Monate dein Konzept findest. Der amerikanische Pulitzer-Preisträger Richard Russo («Diese gottverdammten Träume») sagte in einem Interview zu seinem Buch: «Ich war gerade mit meiner Familie nach Maine gezogen und meine Töchter waren Jugendliche, die tapfer versuchten, sich in ihre neuen Schulen einzufügen (Emily in die High School, Kate in die Middle School). Das Buch habe ich auch geschrieben, um mit den Ängsten umzugehen, die mich als Vater beschäftigt haben. Es hatte gerade eine Flut von Amokläufen an Schulen in Amerika gegeben und der jüngste, in Kentucky, machte mich ziemlich betroffen, weil der Schütze ein Junge war, der misshandelt und ausgeschlossen worden war; er attackierte jeden, der in seine Nähe kam. Meine Töchter – die Söhne oder Töchter von jedem von uns – hätten Opfer sein können. Das Schreiben des Romans war quasi wie einen Talisman zu erschaffen: Wenn ich davon, wovor ich mich am meisten fürchtete, schriebe, würde es vielleicht nicht im realen Leben geschehen. Es war eine Art von Handel, ein vollkommen irrationaler.»

© http://www.dumont-buchverlag.de/verlag/aktuelles/detail/pulitzer-preistraeger-richard-russo-im-interview/

Die Antwort: Wenn du schreiben willst wie Hemingway, müsstest du Hemingway sein. Wenn du es trotzdem versuchst, gibt es zwei Möglichkeiten. Erstens, dir gelingt es tatsächlich so zu schreiben, dann wirst du im besten Fall für kurze Zeit eine gewisse Aufmerksamkeit erfahren. Alle werden dich mit dem berühmten Hemingway vergleichen. Dann ist der News-Effekt erledigt. Die zweite Möglichkeit: Du findest nie zum Stil von Hemingway, aber auch nicht zu deinem eigenen.

> *Warum schreibst du so gut, wie nur du es kannst?*

Vielleicht sagt dir der Name Wolfgang Beltracchi etwas? Das war und ist einer der virtuosesten Kunstfälscher der letzten zwanzig Jahre. Sein wahres Können beruhte darauf, «Bilder im Stil von» zu malen. Dazu betrieb er einen enormen Aufwand mit den richtigen Materialien, den richtigen Farben, der richtigen Pinselführung usw.

Er malte jedoch keine «Fälschungen» im klassischen Sinn, sondern schuf Bilder, die von den so genannten Kennern für Bilder von einem Kandinsky, einem Paul Klee oder sonst einem hoch gehandelten Künstler gehalten wurden. Quasi als sei ein van Gogh eben erst auf dem Dachboden eines Abbruchobjekts in Südfrankreich entdeckt worden.

Noch kurz die Fortsetzung: Er wurde entlarvt, bekam 15 Jahre Gefängnis und malt heute «seine eigenen» Bilder. Die sehen aber genauso aus wie seine früheren Fälschungen, nur etwas dilettantischer, wenn er sich nicht hundertprozentig in den Stil zum Beispiel eines Botticelli versetzen kann. Seine Bilder sind auf eine gewisse Weise originell, aber nicht originär (aber das hatten wir ja schon).

Wenn du deine Struktur, deine Linie, vielleicht gar deine Tonalität (davon später) gefunden hast, dann kommen häufig Fragen wie: «Soll ich eher erzählerisch schreiben oder dialogisch oder doch mehr vom Ich-Erzähler aus oder doch eher aus der Perspektive des Antipoden/Gegenspielers?» – Der Film «Amadeus» von Milos Forman bzw. das Drehbuch dazu ist ein Beispiel für die letztgenannte Methode. Bei «Amadeus» wird die ganze Geschichte aus dem Blickwinkel von Antonio Salieri erzählt, der die – geschichtlich nie statt gefunden – Gegenspielerrolle einnimmt.

Die Perspektive ist schon sehr wichtig. Nicht nur die der Hauptfigur, sondern auch die des Erzählers. Je überraschender der Perspektivenwechsel, desto spannender kann der Lesefluss sein. Ein Meister des Perspektivenwechsels ist der österreichische Autor Robert Seethaler. Er bringt es fertig, wie ein kreativer Cutter beim Film, die «Kamera-Einstellung» immer wieder zu wechseln: von der Totalen auf die Nahaufnahme, vom Schwenk auf die horizontale Kamerafahrt usw. «Die Biene und der Kurt» ist ein brillantes Beispiel dafür.

Was immer du versuchst, beobachte dich beim Schreiben. Nicht verbissen und andauernd, denn dann wirst du nie in den «Flow» kommen. Aber halte einmal dann kurz inne, wenn du so richtig in Schreiblaune bist und die Feder oder der Bleistift oder was auch immer übers Papier huschen oder der Cursor auf dem Bildschirm wie von alleine von einer Zeile zur anderen wandert. Ich könnte mit dir wetten, dass du dann in dem Augenblick des kurzen Beobachtens lächelst.

Es soll auch die entgegengesetzten Theorien geben, dass ein Lächeln dieses aufkommende «Flowgefühl» unterstützen oder heraufbeschwören kann. Ausprobieren, sage ich da einfach. Und das gilt für so vieles, das mit dem Schreiben und Büchermachen zu tun hat. Ausprobieren, Üben, Verwerfen – und irgendwann auf der hohen Welle surfen – eben in den Flow kommen.

Das Glücksgefühl, das entsteht, wenn man in einen Schreibfluss kommt, kann natürlich nicht ewig andauern. Aber du kannst es auch ein bisschen trainieren. Mit möglichst viel Humor. Ein Zitat dazu? – Marcel Reich-Ranicki soll einmal gesagt haben: «Geld allein macht nicht glücklich, aber es ist besser, in einem Taxi zu weinen als in der Straßenbahn».

«Was heißt da manchmal? – So gut wie immer!», höre ich jetzt die eine oder den anderen zerknirscht antworten. Nein, wenn du das vorhergehende Kapitel gelesen

Warum schreiben andere manchmal besser?

hast, ist die richtige Antwort ganz simpel: sie schreiben besser, weil sie so schreiben wie sie es am besten können. Wenn du an diesen Punkt kommst, wo du sagst: «Besser kann ich das jetzt gar nicht schreiben, da bin ich zufrieden mit mir», dann bist du bereits kurz davor, dass deine Leserinnen und Leser sagen: «So hätte ich das nicht gekonnt.»

Ob dann die späteren Generationen zu deinen Texten sagen werden, das sei ja «mülleresk», wirst du kaum mehr erleben. Aber dass der Ausdruck «kafkaesk» in den deutschen Sprachgebrauch gerutscht ist, hat genau mit einem besonderen Stil zu tun, mit dem Franz Kafka bekannt wurde. Dieses widersprüchlich Abstruse und auch ein bisschen Unheimliche.

Ein eigener Stil entsteht wiederum durch Übung (schon wieder!). Wenn du nicht mehr überlegst, ob jetzt ein langer Satz richtig ist oder mehrere kurze, wenn du nicht mehr hin und her studierst, ob jetzt eine direkte Rede kommen soll oder eine Denkstimme, dann kann es dir egal sein, wie gut andere schreiben. Du schreibst so, wie es gerade im Moment aus dem Fluss heraus stimmt. Entscheidend sind der Ton, die Stimmung, die Atmosphäre. Ein düsterer Kriminalroman wird eine andere Grundstimmung haben als die Familiensaga einer Gutsbesitzerfamilie. Ein Kriegsgeschehen wiederum eine andere als die Hochzeitsszene zweier Menschen, die sich seit ihrer Schulzeit kennen und lieben.

Um sich auf eine Grundstimmung einzuschwingen, haben große Schriftsteller die unterschiedlichsten, manchmal absurdesten Rituale zelebriert. Thomas Mann erwartete an seinen verschiedensten Wirkungsstätten immer seinen eigenen voluminösen Schreibtisch. Den hatte seine Frau vorsorglich jeweils auf die Reise schicken müssen, mit allen Trophäen, Sammelstücken und Objekten, die Thomas Mann dann vor Ort wieder sorgfältig so platzierte, wie er sie haben wollte. Dann konnte er schreiben.

Von Friedrich Schiller wird berichtet, dass er immer faulende Äpfel in seiner Schreibtischschublade hatte. Dieser Geruch inspirierte ihn. Franz Kafka soll sich mit nackt ausgeführten Turnübungen und frischer Luft auf seine Schreibarbeit vorbereitet haben. Patricia Highsmith nahm vor der Arbeit einen kleinen, aber starken Drink. Andere Schriftsteller kämpften dagegen ständig gegen ein Zuviel von Alkohol.

Viele bekannte und erfolgreiche Schriftsteller haben bestimmte Mengen bis Unmengen von Alkohol konsumiert, um schreiben zu können. «Trinken ist das Laster des Schriftstellers», sagte einst F. Scott Fitzgerald. Dies könnten andere auch gesagt haben: Hemingway, Edgar Allen Poe, Vladimir Nabokov und sogar Gottfried Keller. Vor dem Umkehrschluss, dass nur Alkohol und Drogen zu einem erfolgreichen Schriftsteller, einer erfolgreichen Schriftstellerin führen, davon muss hier in aller Form gewarnt werden.

In einem kleinen, lebendig kuratierten Zürcher Museum, dem «Strauhof», war im ersten Halbjahr 2017 eine Ausstellung zu sehen mit dem Titel «Schreibrausch – Faszination Inspiration». Im schmalen Katalogbändchen dazu sind zahlreiche Beispiele zu finden, wie sich Schriftsteller mit Alkohol und Drogen «neu motivierten». Und, wie sie sich zugrunde gerichtet haben.

Aus «Les paradis artificiels» / «Die künstlichen Paradiese» stammt dieses Zitat von Charles Baudelaire: «Der trunkene Blick des Menschen, der Haschisch genommen hat, wird seltsame Formen erblicken. Wenn aber der dichterische Wahnsinn dem gleicht, zu dem mir ein Löffelchen Konfekt verholfen hat, dann glaube ich doch, dass die Ergötzungen des Publikums die Dichter recht teuer zu stehen kommen.»

Andere machten und machen lange Spaziergänge, gehen in Seen oder Flüssen schwimmen oder sitzen ganz einfach in einen Zug und fahren ziellos durch die Landschaft – immer mit einem Schreibzeug dabei. Es ist erwiesen: Ein Ortswechsel, ein noch so kleiner, kann zu einer veränderten Perspektive führen. Und daraus entstehen neue Gedanken. Wie der einfache Trick, etwas von hinten zu betrachten, etwas in eine umgekehrte Position zu drehen. Wort für Wort, rückwärts nur Ablenkung eigenen zur Satz einen einmal schreibe. (Schreibe einmal einen Satz zur eigenen Ablenkung nur rückwärts, Wort für Wort...)

< *Das Bild vom Ei verwende ich immer wieder gern. Weil es zeigt, wie eine andere, umgekehrte Perspektive zu völlig anderen Gedankengängen führt. Das Ei explodiert nicht. Es ist ganz einfach eine normale Fotografie, die auf den Kopf gestellt ist.*

Antwort: Weil jede Geschichte im Kern ihre eigene Erzählweise hat. Das hört sich ein bisschen plump an. Ich denke in diesem Zusammenhang immer wieder an den Bildhauer Michelangelo. Er soll einmal gesagt haben, dass es für ihn recht einfach sei, die richtige Form zu finden. Er schaute sich den Marmorblock an, sehr genau

Warum sind Form und Inhalt voneinander so abhängig?

und von allen Seiten und erkannte durch das Material, wie die Figur da herauszuhauen sei. Im Grunde, so meinte er, sei es ganz einfach, man müsse nur alles Überflüssige wegschlagen.

Wenn Form und Inhalt zu weit auseinander klaffen, dann mögen die Leser nicht mehr folgen. Das ist überhaupt so eine Sache, mit dem Folgen. Wie lange bleiben die Leser dran und wann steigen sie aus?

Wenn die innere Form, also die Struktur des Buches und die Gestaltung stimmen, ist man stärker daran interessiert, einzusteigen und dabeizubleiben. 2016 hatte T.C. Boyle sein Buch «The Terranauts» herausgebracht. Es geht darin um eine Gruppe Menschen, die ausgesucht wurde, um an einem längerfristigen Laborversuch teilzunehmen. Sie mussten lernen, sich in einer Art Biotop selbst zu versorgen. Man wollte testen, wie Menschen auf einem an und für sich lebensfeindlichen fremden

Planeten überleben könnten. Boyle schildert diese Geschichte aus der Sicht von drei verschiedenen Hauptfiguren. Trotzdem bleibt eine Protagonistin, der man bewusst folgen will. Sie ist eigensinnig und widersetzt sich in mancherlei Hinsicht den Vorstellungen der Projektleitung. Wann und warum wird das Projekt deswegen scheitern? Das ist der rote Faden, dem man folgen möchte.

Etwa zur gleichen Zeit erschien ein Buch von J.J. Abrams und Doug Dorst: «Das Schiff des Theseus». Eine Frau und ein Mann begegnen sich zuerst «virtuell», weil sie aus einer Bibliothek ein Buch entleihen, dass die andere bzw.der andere schon einmal mitgenommen hatte. Im Buch finden sich Spuren: eingelegte Quittungen als Lesezeichen, Randnotizen usw. Dieses Buch wird im Lauf der Geschichte zum Objekt für den gegenseitigen Kommunikationsaustausch. Wunderschön gemacht, spannend zu betrachten, aber sehr schwer zu lesen. Es fehlt sozusagen «die Hand, die führt».

Den Leser an der Hand führen, ihn nicht in die Irre führen, ihn doch manchmal auf einen Umweg führen, ihn mitwissend lassen und gleichzeitig zwischenzeitlich rätseln lassen, das ist die hohe Schule. Wesentlich ist, die innere Logik und den «Plot» des Buches zu Ende zu führen.

Wenn du nicht hundertprozentig sicher bist, dass dein Text funktioniert, dann lass ihn zuerst von vertrauten, aber offen kritischen Menschen lesen. Tu dies erst recht, wenn du dich hundertprozentig sicher fühlst. Denn dann ist sowieso Vorsicht geboten. Und es ist immer gut, verschiedene Stimmen zu hören, die mit anderen Voraussetzungen an deinen Text gehen.

Wie bei aller Könnerschaft: Nur diejenigen, die wissen, was sie tun, können auch Dinge tun, die nicht der Norm entsprechen. Sie wissen, wie sie wieder auf die richtige Spur kommen, weil sie mit den Elementen jonglieren können, ohne dass dabei etwas runterfällt und der Bewegungsfluss plötzlich abbricht.

Darum hier trotzdem noch eine Empfehlung: Bleibe am Anfang im Rahmen, in dem du dich wohl fühlst. Gehe dabei aber ab und zu auch an die Grenzen. Um zu erfahren, ob du dich einen Meter darüber hinaus nicht immer noch auf sicherem Boden fühlst. So lassen sich Erfahrungen sammeln. Und das Ganze deiner Geschichte bricht dann nicht gleich auseinander, sondern steht immer noch als solider Text.

> Endlich DEIN BUCH in der Produktion zu sehen, das ist schon motivierend. Noch bewegender wird es dann später sein, wenn das Buch gedruckt und gebunden zum ersten Mal vor dir liegt. © Helmut W. Rodenhausen

Weil ein Buch aus Buchstaben besteht. Wortwörtlich sind es ja keine Buchstaben mehr, sondern Typen und Zeichen. Wer ein Buch im Selbstverlag oder im Book-on-Demand-System produzieren und herausbringen will, blickt unweigerlich auf einen «Satzspiegel», hört Begriffe wie «Durchschuss», «Unterschneidung», «Austreiben» und vielleicht sogar noch «Hurenkind» und «Schusterjunge».

Warum sollte man sich in Typografie auskennen?

Typografie beginnt mit dem Schriftcharakter. Die Wahl der Grundschrift für dein Buch hat einen Bezug zum Lesestoff. Ob die Schrift breit laufend oder schmal geschnitten ist, ob sie in der «Schriftfamilie» noch weitere Zeichensätze hat wie «kursiv», «bold», «narrow» usw., das ist genauso wesentlich wie zu entscheiden, ob «serifenlos», also eine «Groteskschrift», oder ob eine «Antiquaschrift», also eine mit dünnen Ab- und Anstrichen (mundartlich «Füßchen») gewählt werden soll.

Die folgenden Regeln solltest du unbedingt kennen: Mische nicht mehr als drei bis vier Schriftstile bzw. Schriftschnitte. – Lasse genug Raum um den bedruckten Teil auf der Buchseite. – Wähle die Schriftgröße in einem guten Verhältnis zur Satzbreite. Letzteres hat einen entscheidenden Einfluss auf die Lesbarkeit.

Zu breite Zeilen im Verhältnis zur Schriftgröße führen dazu, dass das Auge nicht mehr gut auf der Linie bleiben kann. Es braucht erhöhte Konzentration beim Lesen, weil pro Zeile gedanklich viel zu verarbeiten ist. Die Absätze sind nicht mehr gut überblickbar. Umgekehrt kommt es bei zu großer Schrift im Verhältnis zur Zeilenbreite unweigerlich oft zu störenden Trennungen.

Wer ganz am Anfang steht, sich auch mit den professionellen Layoutprogrammen noch nicht auskennt, sollte sich unbedingt Hilfe holen. Denn durch die Sauberkeit der Gestaltung kann ein lesenswerter Text zu einem ansehnlichen und gerne benutzten Buch werden. Umgekehrt kann auch ein wunderbarer Text unbeachtet bleiben, wenn er typografisch nicht einigermaßen vernünftig aufbereitet wird.

Ich habe meine berufliche Laufbahn vor sehr vielen Jahrzehnten als Schriftsetzer begonnen. Ich bin begeistert davon, was dank kluger Computerprogramme heute alles möglich ist. Wie viel Gestaltungsfreiheit da mit relativ wenig Aufwand gegeben ist (manchmal halt doch mit etwas mehr...). Eines aber braucht es nach wie vor: ein geschultes Auge und die Sorgfalt im Detail. Die Bücher der Zukunft werden individueller werden, sowohl in der Zielgruppenansprache als auch in der in der Gestaltung. Und das ist gut so.

89

uchur schlief noch immer tief, als Engywuck mi
höhle zurückkehrte. Die alte Urgl hatte inzwisc
Freie hinausgeschafft und es mit allerhand Süßigk
Säften aus Beeren und Pflanzen gedeckt.

Außerdem standen kleine Trinknäpfchen da
duftendem heißen Kräutertee. Zwei winzige Wür
speist wurden, vervollständigten die Szene.

»Hinsetzen!« befahl das Gnomenweibchen. »
essen und trinken, damit er zu Kräften kommt. I
nicht.«

»Danke«, sagte Atréju, »ich fühle mich scho

»Keine Widerrede!« schnaubte die Urgl, »sol
was man dir sagt, verstanden! Das Gift in dein
Brauchst dich also nicht mehr zu beeilen, mein
wie du willst, also nimm dir auch Zeit.«

»Es geht nicht nur um mich«, wandte Atréju
serin liegt im Sterben. Vielleicht geht es scho

»Schnickschnack!« brummte die kleine Alte
gar nichts. Setz dich! Iß! Trink! Hopp, wird

»Besser, man gibt ihr nach«, flüsterte En
Erfahrung mit dem Weib. Wenn sie was will,
außerdem viel besprechen, wir beide.«

Atréju setzte sich also mit untergeschlagen
Tischchen und langte zu. Bei jedem Schluck
ihm tatsächlich, als ob goldenes, warmes L
Muskeln strömte. Erst jetzt merkte er, wie

Bastian lief das Wasser im Mund zusammen.
den Duft der Gnomenmahlzeit roch. Er schr
aber es war natürlich nur Einbildung gewes

Sein Magen knurrte vernehmlich. Er konn
Er holte den Rest seines Pausebrotes und d
und aß beides auf. Danach war ihm etwas b
nicht satt war.

Dann wurde ihm klar, daß dies seine letzt
Wort erschreckte ihn. Er versuchte, nicht

Wie hatte es mich begeistert, als in den Achtzigerjahren Michael Endes «Unendliche Geschichte» in zweifarbiger Schrift herauskam, mit besonders gestalteten Initialen bei jedem Kapitelbeginn. Die rote Schrift führte immer auf die Ebene der Hauptfigur Sebastian, der ja wortwörtlich in das Buch eintauchte und dort die Geschichte direkt erlebte. Die Handlungsebene «im Buch» war in grüner Schrift gedruckt.

Falls du ja gar nicht vorhattest, dein Buch selbst zu produzieren bzw. die Dateivorlagen für E-Book oder den Digitaldruck selbst aufzubereiten, dann kannst du weiter blättern. Falls du aber den Ehrgeiz hast und ein bisschen Erfahrung mitbringst, dann helfen dir die Weblinks auf Seite 90 weiter. Die vielen Details der Typografie zu kennen ist auch nur dann wirklich sinnvoll, wenn du mit einem professionellen Design- und/oder Layoutprogramm arbeiten willst. Ansonsten ist es ratsam, sich dafür mit Spezialisten in Verbindung zu setzen.

< «Die unendliche Geschichte» von Michael Ende. Eines jener Bücher, die durchgängig eine Schrift in zwei Farben (Rot und Grün) aufwies, neben stimmigen zweifarbigen Initialen als Illustrationen.

>> «Das Schiff des Theseus» machte Furore, weil es nicht nur mehrfarbig gedruckt ist, sondern auch den Anschein erweckt, als sei es ein sehr altes Buch, das immer wieder von verschiedenen Personen aus einer Bibliothek ausgeliehen worden ist.

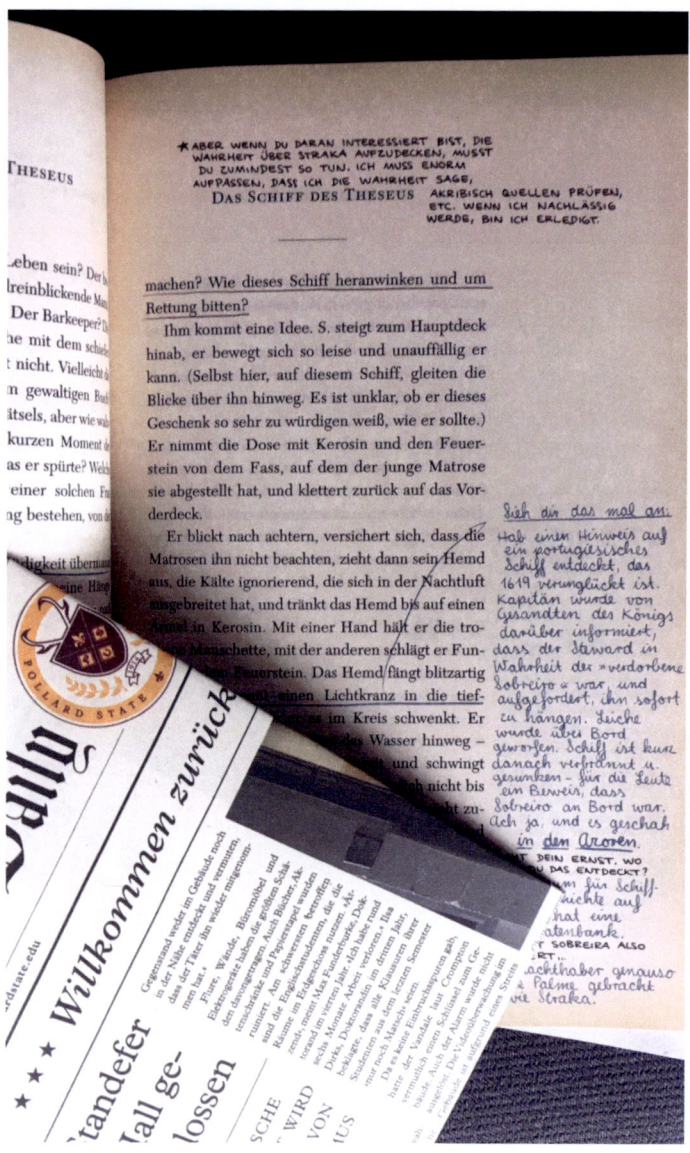

✱ ABER WENN DU DARAN INTERESSIERT BIST, DIE
WAHRHEIT ÜBER STRAKA AUFZUDECKEN, MUSST
DU ZUMINDEST SO TUN. ICH MUSS ENORM
AUFPASSEN, DASS ICH DIE WAHRHEIT SAGE.

DAS SCHIFF DES THESEUS   AKRIBISCH QUELLEN PRÜFEN,
ETC. WENN ICH NACHLÄSSIG
WERDE, BIN ICH ERLEDIGT.

machen? Wie dieses Schiff heranwinken und um
Rettung bitten?

Ihm kommt eine Idee. S. steigt zum Hauptdeck
hinab, er bewegt sich so leise und unauffällig er
kann. (Selbst hier, auf diesem Schiff, gleiten die
Blicke über ihn hinweg. Es ist unklar, ob er dieses
Geschenk so sehr zu würdigen weiß, wie er sollte.)
Er nimmt die Dose mit Kerosin und den Feuerstein von dem Fass, auf dem der junge Matrose
sie abgestellt hat, und klettert zurück auf das Vor-
derdeck.

Er blickt nach achtern, versichert sich, dass die
Matrosen ihn nicht beachten, zieht dann sein Hemd
aus, die Kälte ignorierend, die sich in der Nachtluft
ausgebreitet hat, und tränkt das Hemd bis auf einen
... Manschette, in Kerosin. Mit einer Hand hält er die tro-
... Manschette, mit der anderen schlägt er Fun-
... Feuerstein. Das Hemd fängt blitzartig
... einen Lichtkranz in die tief-
... im Kreis schwenkt. Er
... Wasser hinweg –
... und schwingt
... nicht bis
... zu-

(handschriftliche Notizen am rechten Rand:)

Sieh dir das mal an:
Hab einen Hinweis auf
ein portugiesisches
Schiff entdeckt, das
1619 verunglückt ist.
Kapitän wurde von
Gesandten des Königs
darüber informiert,
dass der Steward in
Wahrheit der »verdorbene
Sobreiro« war, und
aufgefordert, ihn sofort
zu hängen. Leiche
wurde über Bord
geworfen. Schiff ist kurz
danach verbrannt u.
gesunken – für die Leute
ein Beweis, dass
Sobreiro an Bord war.
Ach ja, und es geschah
in den Azoren.

... DEIN ERNST, WO
... DU DAS ENTDECKT?
... m für Schiff-
... nichte auf
... hat eine
... atenbank.
... T SOBREIRA ALSO
... RT ...
... schthaber genauso
... s Palme gebracht
... wie Straka.

(Zeitungsausschnitte, teils lesbar:)

Willkommen zurück

...dalla

...rdistate.edu

★ ★ ★
...tandefer
...fall ge-
...lossen

...SCHE
... WIRD
... VON
...US

Gegenwart weder im Gebäude noch
in der Nähe entdeckt und vermuten,
dass der Täter ihn wieder mitgenommen hat.

Fuer... Wurde... Büromöbel und
den Investagetrappe. Auch Becker ak-
teruckstände haben die größten Schä-
den hervorgerufen. Am schwersten betroffen
ist... Raum im Erdgeschoss nutzte, Mi-
... Am Posystenspiel wurde
ruiniert... nunmehr Max Funderbrake, Dok-
... Raum im Erdgeschoss nutzte, Mi-
... sechs Mosaic Arbeit im dritten Jahr.
Studenten, das alle Klausuren ihrer
Solution, dass die Klausuren ihrer
nur noch in den einzen Semester
Doris, Datzner...in ihrem Jahr...
...Com Compon
...die der Vandale zum Schluss zum Ge-
...hatte der Vandale zum Schluss zum Ge-
...der Schulent eum Ge-
...Die Universität
...Die Sala...

Geduld? – «Lebe jeden Tag so, als wäre es dein letzter. Eines Tages liegst du damit genau richtig.» Dieses Sprichwort, ich weiß nicht woher ich es habe, kommt

Warum braucht es PDF und ISBN und viel Geduld?

mir immer wieder einmal in den Sinn. Aber, was soll dir das helfen bei der Herstellung deiner Druckdatei? Es nutzt dir, um Prioritäten zu setzen. Um dir zu überlegen, was dir wichtig ist. Für DEIN BUCH brauchst du neben dem Manuskript bzw. deiner geschriebenen Datei ein Design-Programm. «InDesign» ist soweit gängiger Standard. Ich selbst arbeite seit den Neunzigerjahren zur Hauptsache mit «RagTime».

Dieses Kapitel kann dir keinen Spezialkurs in Desktop-Publishing oder Grafikgestaltung geben. Es soll dir aber aufzeigen, was du brauchst: Du brauchst, egal in welchem Programm, einen zuverlässigen Rechtschreib-Korrekturlauf. Selbst wenn du deine Vorlage einer Korrektorin oder einem Korrektor gibst, sparst du enorm Zeit und Geld, wenn wenigstens die wichtigsten Dinge schon bereinigt sind.

Auch unabhängig vom Programm, mit dem du dann layoutest, gewöhne dir an, Vorlagen zu erstellen und zu präzisieren. Also für die Schriften, die du verwendest, für die Absätze, für die Bildlegenden und die Anmerkungen, für die Links und für die Bilder. Standardisiere und fixiere alles, was irgend geht. Falls du das nicht tust und du beispielsweise irgendwann entscheiden musst, den Grundtext einen Grad kleiner und mit weniger Durchschuss zu gestalten, wirst du unglaublich Zeit – und den Überblick – verlieren. Umgekehrt brauchst du nur in den Schrift-, Absatz- oder Farbvorlagen etwas zu ändern. Denke aber daran: Dadurch gibt es vielleicht neue Trennungen und einen neuen Zeilenverlauf. Diese musst du überprüfen und neu ausrichten.

Doch zu allererst, als wirklich ersten Schritt: Sprich mit den Fachleuten, die DEIN BUCH drucken werden. Die geben genaue Anweisungen darüber, was sie von dir erwarten. Wie die Maße, die Bildauflösung, die Beschnittmarken usw. zu definieren sind.

Zur Aufbereitung der Bilder musst du die dpi-Größe wissen. Genügen 300 dpi oder braucht es 600 «dots per inch»? Das ist die Maßeinheit für die Anzahl Bildpunkte pro inch bzw. pro Zoll. Wie ist der Bildausschnitt und ist die Bilddatei in RGB oder CMYK abzuspeichern, in .jpg-Format oder .tiff-Format? Dann musst du wissen, ob du randabfallend, also mit Beschnitt, gestaltest oder alles im Satzspiegel behältst. Randabfallend heißt, mindestens drei Millimeter Beschnitt zuzugeben zu deinem gewünschten Endformat des Buchblocks.

Für den Umschlag gilt es, über den Beschnittrand hinaus in der Regel noch 12 Millimeter Kleberand zuzugeben. Das bedruckte Umschlagpapier wird ja um den Einbandkarton herumgezogen. Die Breite des Buchrückens ist bekanntlich abhängig von der Seitenzahl und vom Papiervolumen, also der Dicke des Papiers. Ein voluminöseres Papier ergibt bei gleich vielen Seiten natürlich einen breiteren Buchrücken.

Wie angetönt: Das weiß alles dein Drucker. Doch da war ja noch die Sache mit der ISBN-Nummer. Jedes Buch, das in den Handel kommen soll, braucht eine solche «International Standard Book Number». Die bekommst du nur, wenn du dich beim Marketing- und Verlagsservice des Buchhandels als Verlag anmeldest.

Ach ja, und was hat es mit dem PDF-Format auf sich? Das war der Riesenschritt des Software-Herstellers Adobe in den Neunzigerjahren. Damit wurde endlich ein Standard geschaffen, der einen Datenaustausch systematisierte. Kurz gesagt wandelt das PDF-Programm (professionell ist es das «Acrobat Pro» von Adobe) eine Datei in eine so genannte «Seitenbeschreibungssprache» um. Damit kann jede Druckmaschine (digital) angesteuert werden. – Nun, es gibt trotzdem noch immer «Verständigungsprobleme», wenn die PDF-Datei mangelhaft oder falsch aufbereitet wurde.

Man kann vieles selbst machen. Ob das eine gute Idee ist, musst du für dich selbst entscheiden. So wie in der Musik heute praktisch jeder Gitarrenzupfer sein eigener Musikproduzent inklusive Videoclip auf Youtube werden kann, so wird es sich auch bei der Publikation von Büchern und E-Books entwickeln. Nur – qualitativ gute Produktionen werden immer, ich betone: IMMER, eine größere Chance haben, gekauft zu werden.

> Als das «Desktop-Publishing» seine Anfänge nahm ... Was sich nicht geändert hat, ist, dass es immer wieder neue Programme und Programmversionen gibt, dass es immer noch Copyrights, auch für Schriften gibt – und dass es nicht alleine auf die «Werkzeuge» ankommt, sondern auf die Spezialisten, die damit richtig umzugehen wissen.

Es ist großartig, welche Möglichkeiten es mittlerweile gibt, um ein Buch zu produzieren. Du kannst einfach dein Manuskript einsenden. Dafür gibt es «Auftrags-Verlage», die dir die ganze Arbeit des Lektorierens, Korrigierens und des Produzierens abnehmen. Natürlich ist das nicht kostenlos. Es gibt im Internet Plattformen, die

> *Warum wirst du mit Büchern wahrscheinlich nicht reich?*

musst du nur aufrufen und schon kannst du deine Datei hochladen und mit deinem E-Book Kasse machen ...

Gleichzeitig warten Hunderte von Journalistinnen und Journalisten, Buchkritikern, Bloggerinnen und Bibliothekarinnen nur darauf, dass endlich DEIN BUCH erscheint. In den Buchhandlungen werden schon Wochen vorher Vorbereitungen für deine Lesungen getroffen. Du wirst berühmt. Ja, und das Nobelpreis-Kommitee ist auch ...

Erwarte nicht zu viel. Und vor allem: Mache dich auf viel Arbeit gefasst. Mit dem letzten korrigierten Komma in deiner Datei ist es noch nicht getan. Mache dich auch auf unangenehme Erfahrungen gefasst. Die Buchbranche hat sich in ihren Strukturen in den letzten zehn, fünfzehn Jahren markant verändert. Nicht nur im reputierten Verlagswesen, sondern vor allem auch im Graubereich der Indie-Verlage und -Herausgeber.

Eine ganze Reihe dubioser Anbieter hat gemerkt, dass hier Geld zu holen ist (DEIN GELD). Das sind so genannte Verlage, die sich vollmundig als Talentsucher anpreisen. In der Realität lassen sie auf billigste Art deine eingesandte Datei drucken und verdienen doppelt: Sie bekommen eine Provision bei der Druckerei und bitten dich ebenfalls zur Kasse. An eigentlicher Verlagsarbeit machen sie wenig bis gar nichts.

Dann gibt es tatsächlich auch Kleinverlage, die sich Mühe geben. Du wirst aber einige Dutzend Verlage anschreiben und mit deiner Arbeit beglücken müssen, wenn du tatsächlich den großen Wurf landen möchtest. Mit Büchern und E-Books erfolgreich zu werden braucht 30 Prozent Talent, 60 Prozent Fleiß und Schweiß und 100 Prozent Lottoglück.

Erkundige dich, frage andere Autoren persönlich an, wie sie mit ihrem Verlag, ihrem Lektor oder mit ihrem Buchcoach zufrieden sind. Lies auch die Bedingungen durch. Begriffe wie «Druckkostenbeitrag» und «Abtretungen der Rechte» müssen genau angeschaut werden. Dann hast du endlich DEIN BUCH in der Hand, siehst endlich DEIN E-BOOK auf einer Vertriebswebsite.

Und dann? Beim E-Book ist das physische Problem einer «Lagerhaltung» sowieso obsolet. Aber wenn du

hundert Bücher im Book-on-Demand-Verfahren bestellt hast, fordern diese «Drucksachen» bei dir zu Hause ihren Platz. Und wenn du sie selbst verschicken willst, brauchst du Versandkartons, Adressetiketten, Briefmarken – und wiederum viel Zeit.

Doch egal, ob digital oder analog: DEIN BUCH soll gelesen werden. Wenn du es nicht verschenken willst, braucht es also eine Vermarktung auf irgendeine Weise. Die Kombination mit dem Kindle-Reader bei Amazon lässt einen Fünftage-Probelauf zu. Danach kostet es.

Willst du also zumindest das Geld wieder einspielen, das du für Bilder, Programme, Schrift-Fonts und natürlich deine Eigenleistungen ausgegeben hast, hier nur ein erster Hinweis: Wenn du eine Facebook-Site hast, einen Google-Account, auf LinkedIn oder sonst einer Plattform vertreten bist, vielleicht sogar schon Follower hast, dann startest du mit deinem «aktiven Marketing» natürlich dort. Weitere Empfehlungen findest du im Stichwortverzeichnis, in den Checklisten und im Web-link-Verzeichnis. Du wirst reich an Erfahrung werden.

< *Ich wünsche dir, dass DEIN BUCH zum Erfolg wird. Aber selbst wenn der Erfolg nur der ist, dass du es überhaupt gemacht hast, dann bist du um viele Erfahrungen reicher und dein nächstes Projekt wird garantiert besser.* © Foto Adobe-Stock

Inspektor Columbo dreht sich an der Tür noch einmal um. Sein beigegrauer Mantel sieht aus, als stamme er aus einem Fundus für Filme der Dreißigerjahre. Die Haare machen auf Zufallsfrisur. Columbo hebt den Finger, in der Hand hält er noch die halb gerauchte, lange schon erloschene Zigarre. Dann fragt er, als fiele es ihm erst jetzt wieder ein: «Ach…, eine Frage hätte ich da noch…»

Warum jetzt genug Fragen aufgeworfen wurden – und es Antworten braucht.

Die Frage von dir lautet vielleicht: «Hast du nicht etwas vergessen? Da war doch die Sache mit den Checklisten… Äh, du weißt, was ich meine?» – Es gibt in diesem Büchlein keine umfassende Aufklärung des Falles. Natürlich nicht. Hier können erste Anregungen gegeben werden, vereinzelte Tipps. Aber es können Zusammenhänge aufgezeigt werden, die für das eigene Arbeiten mehr Klarheit bringen.

Für das Schreiben gibt es zahlreiche Angebote an Seminaren, an Workshops, an Webinaren, an begleiteten Schreibgruppen. Blog-Seiten und Communities im Internet befassen sich mit vielerlei Details beim Schreiben. Mit dem Schreibstau zum Beispiel oder mit dem «Cliffhanger» oder mit «der Sprache wie der Mann auf der Straße» und vielem mehr.

Das ist alles wunderbar. Aber: Es ersetzt das eigene Lernen beim Schreiben nicht. Wenn du jemanden am Computer siehst und beobachtest, wie seine Finger wild im Zehnfingersystem über die Tasten hüpfen, dann wirst du kaum nach Hause gehen können und es ebenso gut nachmachen. Es braucht die Übung.

Weil ich, wie schon erwähnt, kein Fan von Checklisten bin, habe ich mich bis jetzt geweigert, mit Checklisten zu kommen. Nun merke ich, so ganz dumm ist das ja nicht. Deshalb nun doch im Anhang ein paar solcher Listen. Und halt doch wieder mit einigen Fragen. Du hast es inzwischen gemerkt: Fragen helfen, auf die richtigen Antworten zu kommen.

Aber die meisten Fragen benehmen sich wie Karnickel im Frühling: Sie hüpfen herum, bilden ein Knäuel, paaren sich und gebären sofort neue Fragen. So ist es auch mit den folgenden Checklisten. Sie werden dir viele Fragen beantworten, und dennoch werden wieder neue kommen.

>> Die folgenden Checklisten sind kostenfrei. Du darfst sie ohne Weiteres kopieren und weitergeben. Im Gegensatz zu einigen anderen professionellen Beratern habe ich da keine Probleme. Wichtig ist, damit zu arbeiten. Der weiße Raum wartet auf deine Eintragungen und klärende Antworten...

CHECKLISTE BUCHPROJEKT

Welche Vorstellungen hast du bereits?

Weißt du schon, welche Zielgruppe du ansprichst?

Bist du mit der Inhaltsstruktur schon klargekommen?

Kennst du schon den Plot deiner Geschichte?

Hast du alle Recherchen schon gemacht?

Welches Hintergrundmaterial fehlt dir noch?

Mit welchem Aufwand rechnest du für die Recherche?

Wie viel Zeit kannst du dir pro Tag reservieren?

Hast du einen Schreibort, der «nur dir» gehört?

Wann willst du mit deinem Buch fertig sein?

Willst du es drucken als E-Book herausgeben?

Hast du schon mit Spezialisten Kontakt aufgenommen?

CHECKLISTE SCHREIBTHEMA

Hast du deine Hauptfiguren genau vor dir?

Welche Charaktere verkörpern deine Figuren?

Welche Nebenfiguren sind wichtig, welche nicht?

Mit welchen Widrigkeiten kämpft der Held?

Worauf ist dieser Kampf begründet (Schicksalsläufe)?

Was macht die Heldin / der Held nach seinen Kämpfen?

Wie fremd/vertraut wird dem Leser die Situation sein?

In welcher Zeit spielt sich deine Geschichte ab?

Sind genaue Örtlichkeiten wichtig oder verwirrend?

Welchen roten Faden hast du – oder mehrere?

Hast du einen Bruch oder mehrere Brüche im Thema?

Wo sind Schwellen, wo die Leser evtl. nicht mehr folgen?

CHECKLISTE SCHREIBSTIL / FORM

Wer ist der Erzähler der Geschichte? – Mehrere?

Gibt es eine Tonalität für dein Thema (flapsig/witzig)?

Spürst du die Sprechweise der einzelnen Figuren?

Wie gut glaubst du, Dialoge schreiben zu können?

Wie gehst du mit Figuren aus fremden Sprachen um?

Wie mit Sprechweisen aus vergangenen Jahrhunderten?

Siehst du ein deinem Thema angepasstes Tempo?

Wie «abgehoben» / Wie «platt» soll die Sprache sein?

Wenn du Zeitsprünge machst, wie gliederst du sie?

Werden Zitate von «Nichtromanfiguren» gebraucht?

Wenn alles «Fantasy» ist, kannst du es dann managen?

Hast du einen Lektor/Korrektor bei der Hand?

CHECKLISTE DATENAUFBEREITUNG

Hast du das richtige Programm, um genau zu arbeiten?

Genügt dein jetziges Programm für gute Typografie?

Sind die automatischen Korrekturläufe zuverlässig?

Kennst du die Voraussetzungen für die Druckdateien?

Hast du schon mit «deinem» Drucker geredet?

Bist du mit «Rastern» und «Farbräumen» vertraut?

Wenn Bilder – wie gut ist die Auflösung/dpi-Höhe?

Sind die Einstellungen für die PDF-Umwandlung klar?

Kannst du in PDF-Dateien Korrekturen vornehmen?

Wer übernimmt Nachkorrektur und Schlußkorrektorat?

Wie groß wird deine Datei – wie übermittelst du sie?

Denkst du während der Arbeit an Sicherungskopien?

CHECKLISTE VERTRIEB/VERMARKTUNG

Hast du für E-Book oder Print schon eine Plattform?

Willst du niedrige Verkaufspreises / große Abnehmerzahl

Wie viel Geld willst du für Werbung ausgeben?

Hast du schon ein Dossier über dich als Autorin/Autor?

Hast du die Möglichkeit für einen Trailer/Videoclip?

Hast du eine eigene Website? Kannst du sie nutzen?

Bei Print-Ausgaben: Kannst du einen Shop managen?

Welche Blogger-Community kennst du bereits?

Hast du Zeit, Dutzende von «Mittlern» anzuschreiben?

Bist du geschult, um Lesungen zu halten?

Bist du geschult, um Interviews zu geben?

Musst/Willst du überhaupt fürs «Marketing» etwas tun?

Stichwortverzeichnis alphabetisch

Du wirst merken, dass du bis jetzt das Inhaltsverzeichnis gar nicht vermisst hast. Das heißt nicht, dass du bei deinem eigenen Buch ebenso darauf verzichten kannst. Ich habe diesen «Trick» als Beispiel aufgegriffen. Manchmal dürfen klare Regeln auch durchbrochen werden. Aber nur, wenn du weißt, warum du es tust.

Inhaltsverzeichnis

Linkverzeichnis

Für die nachstehenden Links übernehme ich keinerlei Verantwortung. Weder für das Funktionieren der Links (für die Erstellung von DEIN BUCH wurden alle Links noch einmal getestet) noch für die Inhalte der verlinkten Seiten. Der letzte Stand der inhaltlichen Prüfung fand Ende Juli 2017 statt.

http://www.german-isbn.de/isbn_start_text.html/10011

Die Website der deutschen ISBN-Agentur. Die International Standard Book Number (ISBN) kennzeichnet Bücher und erleichtert das Auffinden und die Verfügbarkeit für den Buchhandel, die Bibliotheken und alle interessierten Kreise. Die systematisch aufgebaute Nummer besteht zurzeit aus 13 Stellen.

http://www.buecher.at/isbn-leitfaden/

Die österreichische Seite für die ISBN-Registrierung. Betreiber der Seite ist der Hauptverband des Österreichischen Buchhandels.

http://www.sbvv.ch

Der Schweizer Buchhändler- und Verleger-Verband hat auf der Startseite den Link «ISBN». Dort können die Nummern registriert und auch Strichcodes abgerufen werden.

http://www.literaturschweiz.ch/

Die Schweizer Website mit Literatur-Agenda, Lesetipps, Neuerscheinungen und Möglichkeiten des Networkings. Interessant ist der «Bookfinder», der dir nach deinen Kriterien persönliche Lesevorschläge macht.

https://wasliestdu.de

wasliestdu.de ist eine Community-Website, bei der sich Lesebegeisterte über Neuerscheinungen und bestimmte Genres austauschen und eigene Bücher anbieten können. Für die Website zeichnet die Mayersche Buchhandlung KG in Aachen verantwortlich.

https://www.pinterest.at/search/pins/?q=kreatives 20schreiben&rs=guide

Pinterest ist ein Sammelsurium verschiedenster Themen. Unter «Kreatives Schreiben» findest du eine Reihe von Tipps, die dir in unterschiedlichen Situationen beim Schreiben weiterhelfen können.

http://twins.guptara.net/

Die Website der indischen Zwillinge Guptara, die in kürzester Zeit zu Bestseller-Autoren wurden.

http://www.hockingbooks.com/

Die Website der jungen amerikanischen Bestseller-Autorin Amanda Hocking, die ebenfalls innert weniger Jahre zur Millionärin wurde.

www.mindmapping.com/de/

Die Mindmap-Methode der Ideen- und Strukturfindung wird hier ausführlich beschrieben. Wer Mindmapping noch nicht kennt, findet hier wirklich alles darüber. Es wird auch eine Reihe von Tipps gegeben und eine Spezialsoftware dazu angeboten.

http://www.selfpublisherbibel.de

Eine sehr ausführliche, informative Website für «fast»
alle Belange, mit denen du als Self-Publisher (eigenstän-
diger Herausgeber einer Publikation) zu tun haben
wirst. Verantwortlich für die Seite ist der Physiker und
Journalist Matthias Matting, der 2011 den «offiziellen
Amazon-Bestseller» geschrieben hat.

https://www.bookrix.de/

Eine deutsch- und englischsprachige Website mit Gra-
tisbüchern von selbstverlegenden Autoren. Hier kannst
du deine Bücher auch anmelden und hochladen (kosten-
pflichtig). Die BookRix GmbH, verantwortlich zeichnet
Gunnar Siewert, ist in München zu Hause.

http://www.mbassador.ch/

mbassador ist eine Spezialfirma in der Schweiz, die sich
für alle Belange rund ums Publizieren und Vertreiben
von digitalen Inhalten engagiert. Sie ist dem Schwabe-
Verlag in Basel angegliedert. Geschäftsführer ist Thierry
Gachnang.

https://www.literareon.de

Ein Verlags-Supporter, der eingegangene Manuskripte
prüft und dich bis zur fertigen Publikation und Vermarktung begleitet. Literareon ist ein Spezialbereich des
Herbert Utz Verlag GmbH in München. Herbert Utz
zeichnet verantwortlich.

http://www.boersenverein.de/de/portal/index.html

Der Börsenverein des Deutschen Buchhandels bietet allen an Buchpublikationen beteiligten Unternehmen und auch Autoren eine Plattform bzw. einen Informationsaustausch über die Branche. Wer Informationen über den deutschen Buchhandel generell sucht, wird hier bestimmt fündig.

http://www.boersenverein-hessen.de/de/hessen/Seminare_fuer_Verlage/157839

Einer der Landesverbände, der in einer wunderschönen Villa in Wiesbaden äußerst interessante Kurse für Klein-/Kleinstverlage organisiert. Mit Themen wie Websites, Buchtrailer, Suchmaschinen-Marketing usw.

https://www.autorenwelt.de/

Hier finden Autoren einen interessanten Austausch und eine Menge Links zum Literaturbetrieb. Wer sich registriert, erhält einen Newsletter, in welchem die neuesten Wettbewerbe für alle Genres der Literatur aufgeführt werden. Autorenwelt gibt auch Zeitschriften wie «Federwelt» und «der selfpublisher» heraus. Initiantin ist Sandra Uschtrin, welche auch eine eigene Website führt > siehe www.uschtrin.de.

https://www.uschtrin.de/

Uschtrin ist ein kleiner, spezialisierter Verlag, der das Handbuch für Autorinnen und Autoren schon in der achten Auflage herausgibt.

www.typografie.info

Eine der interessantesten Websites für alle, die sich mit Typografie und Schriftgestaltung näher auseinandersetzen wollen. Integriert ist auch Typografie-Wiki > siehe Folgelink.

http://www.typografie.info/3/wiki.html/

Begriffe wie Hurenkind, Schusterjunge, Versalien, Antiqua oder PostScript werden hier einfach erklärt. Falls du dein Buch selbst produzieren willst, schau dich unbedingt auf dieser Webesite um.

http://www.lektoren.de

Kein Buch, kein Text überhaupt, sollte ohne Korrektorat für die Leserschaft freigeschaltet werden. Es gibt einen beträchtlichen Unterschied, was ein Korrektorat und ein Lektorat ist. Natürlich gibt es fließende Grenzen. Doch das eng gefasste Korrektorat bezieht sich auf Orthografie, Grammatik und im besten Fall auf Trennungen. Doch als Selfpublisher wirst du mehr brauchen. Tipps und Ratschläge bei Stilfragen, Formulierungen und Wiederholungen zum Beispiel. Und das geht bereits ins Lektorat. Die Lektorin oder der Lektor wird zum kritischen Leser deines Werkes und oft auch zum Bindeglied zum Verlag. Entscheidend ist, dass sich Korrektor/Lektor und Autor verstehen, einander respektieren und es mehr ist als nur eine professionelle Zeilenhonorar-Abwicklung. Auf www.lektoren.de kannst du zumindest einmal erste Fühler ausstrecken.

https://www.neobooks.com/

Das sollte im deutschsprachigen Raum *die* Website für alle sein, welche ein E-Book und/oder Taschenbuch publizieren wollen. Hinter dieser Website-Plattform steht die Neupubli GmbH in Berlin mit dem Geschäftsführer Dr. Florian Geuppert. Die Website ist sehr informativ aufgebaut und wird von namhaften Verlagen supportet.

https://www.bod.de

Einer der frühesten Spezialanbieter für Selfpublisher. Books-on-Demand heißt ja nichts anderes, als dass du Bücher auf Abruf in kleinesten Auflageschritten in Auftrag geben kannst. BoD in Hamburg hat ein breites Service-Angebot an Standards und ebenso viele Tipps und Hilfestellungen auf seiner Website. Praktisch jeder und jedem soll die Möglichkeit geboten werden, ein Buch zu produzieren und in Umlauf zu bringen. Das Gleiche gilt für E-Books. Wenn du noch ganz ohne Vorkenntnisse bist, wirst du dir ein bißchen Zeit nehmen müssen, bis du dir einen Überblick verschafft hast.

http://www.rex-verlag.ch/buch_schreiben/?gclid=CNe_ib2DmNUCFekpowodyQkM

Im Grunde bietet heute jede einigermaßen aktive Druckerei Book-on-Demand-Lösungen an. Der Rex Verlag in Luzern in Kooperation mit Brunner Medien AG ist nur ein Beispiel. Erkundige dich in deiner Umgebung. Selbst größere klassische Buchproduktionen wie Koesel in Krugzell bieten Nischen für Kleinstauflagen.

http://www.bubu.ch/pdf-to-book/

Das Gleiche wie oben von Druckereien Gesagte gilt auch
für innovative Buchbindereien. Eine davon ist die
schweizerische BuBu in Mönchaltorf. Mit ihrem Service
«PDF-to-Book» spricht sie vor allem Kreative wie Foto-
grafen und Grafikerinnen und Illustratoren an.

gutenberg.spiegel.de

Ein Link, der leider so nicht funktioniert. Du musst die
Zeile, wie sie oben steht, direkt in deinen Browser ein-
geben. Was du dann findest, ist das «Projekt Guten-
berg», das mittlerweile vom deutschen DER SPIEGEL
betrieben wird. Darin sind Hunderte Bücher bekannter
Autoren digitalisiert, die du kostenlos lesen kannst.
Häufig auch ältere, vergriffene Titel.

ttps://www.zvab.com/servlet/SearchEntry?cm_sp=TopNav-_-Details-_-Advs

Wenn du dich für vergriffene und antiquarische Bücher
interessierst, kannst du im Zentralverzeichnis ZVAB re-
cherchieren. Der obige Link führt dich direkt zur Such-
maske.

www.edizio.com

Natürlich kann ich es mir nicht verkneifen, hier auch
meine eigene Website zu verzeichnen. Wenn ich selbst-
kritisch bin, ist der Shop allerdings genau das, was ich
meinen Kundinnen und Kunden gerade nicht empfehlen
würde. Alles andere natürlich schon...

Klare Antwort: Weil es mein Beruf ist. Meine Auftraggeber sind keine Esel, nein, aber manchmal stehen sie wie der Esel am Berg. Ein großer Berg, aufgeschichtet

Warum ich gerne ein Eselstreiber bin

mit Ideen, mit Ansätzen, mit gesammeltem Material und mit einem Ziel, das sie aus den Augen verloren haben. Für sie und gemeinsam mit ihnen mache ich das, was dieses Büchlein im Kleinen auch bezweckt: Ich strukturiere, gliedere, setze Schwerpunkte, bewerte und verwerfe Ideen und Vorstellungen, verbessere gute Ansätze oder führe zu neuen «Startbedingungen». Das Ganze läuft unter dem Begriff «Buchcoaching».

Seit gut 15 Jahren befasse ich mich mit der Aufbereitung und Herstellung von Büchern im Auftrag. Darunter sind Biografien, Jubiläumsbände, Sachbücher und Fachbücher. Manchmal arbeite ich «nur» als Intensiv-Lektor, manchmal als Gesamtregisseur von der Grundidee über das Ghostwriting und die Gestaltung bis zur Produktion.

Daneben bin ich Ghostwriter für Reden, Editorials und andere Publikationen. Das eine ergänzt sich mit dem anderen. Manchmal sind es die gleichen Persönlichkeiten, die mich vom Ghostwriting her kennen und dann mit einem Buchprojekt an mich herantreten. Daraus entstehen ganz individuelle Bücher. Eines davon beispielsweise

setzt sich aus sieben dicken Broschüren zusammen, ein-
geschoben in einer Box. Auflage: 70 Exemplare. Anlass:
der 70. Geburtstag eines international erfolgreichen Un-
ternehmers, Stifters, Mäzens und Kunstsammlers.

Am Schluss dieses Büchleins hier noch eine wichti-
ge Empfehlung. Pass auf, dass deine Buchtitel und deine
Kapiteltitel nicht völlig in die Irre führen. Ein guter
Buchcoach hätte den Titel dieses letzten Kapitels nicht
durchgehen lassen. Deine Leserinnen und Leser wollen
geführt werden, ja – aber nicht wie ein Esel. Schlage
noch einmal unter dem Stichwort «Roter Faden» nach.

Wenn ich dich bis hierher führen konnte, freut es
mich. Denn dann gehe ich davon aus, dass das eine oder
andere Thema für dich nützlich war. Wenn du aber jetzt
wie der Esel am Berg stehst, freut es mich genauso.
Denn dann ergibt sich die Chance, dass mich ein Anruf
von dir erreicht.

Unabhängig davon wünsche ich dir bei deinem ersten oder nächsten Buchprojekt viel Freude, gute Ideen,
einen «Flow» beim Schreiben und natürlich viele Leserinnen und Leser.

Helmut W. Rodenhausen

DAS LOGBUCH
ZU DEINEM BUCH

Das Log-Buch hat, wie im bisherigen Text bereits erwähnt,
drei Aufgaben:

Erstens soll es dir ganz einfach als Notizbüchlein dienen.
Meistens ist es jedoch so, dass man in einem Notizbüchlein
nur schwer etwas wieder findet. Nur schon die Seitenzahlen
können dir hier nützlich sein.

Zweitens hilft das Log-Buch, sich die Daten zu merken.
Wann wurde der Eintrag gemacht, welche Fakten sind zu
einem Thema gesammelt und von welchen Quellen.

Drittens gibt das Log-Buch auf der freien rechten Seite
dann ausgiebig Gelegenheit, freie Assoziationen oder Text-
Stichworte oder Formulierungen zu notieren, die dann mög-
licherweise in gleicher Form im Buch verarbeitet werden
können.

Datum	Fakten	Quellen

Datum	Fakten	Quellen

Datum	Fakten	Quellen

Datum	Fakten	Quellen

Datum	Fakten	Quellen

Datum	Fakten	Quellen

Datum	Fakten	Quellen

Datum	Fakten	Quellen

Datum	Fakten	Quellen

Datum	Fakten	Quellen

Datum	Fakten	Quellen

Datum	Fakten	Quellen

Datum	Fakten	Quellen

Datum	Fakten	Quellen

Datum	Fakten	Quellen

Datum	Fakten	Quellen

Datum	Fakten	Quellen

Datum	Fakten	Quellen

Datum	Fakten	Quellen

Datum	Fakten	Quellen

Datum	Fakten	Quellen

Datum	Fakten	Quellen

Datum	Fakten	Quellen

Datum	Fakten	Quellen

Datum	Fakten	Quellen

Datum	Fakten	Quellen

Datum	Fakten	Quellen

Datum	Fakten	Quellen

Datum	Fakten	Quellen

Datum	Fakten	Quellen

Datum	Fakten	Quellen

Datum	Fakten	Quellen

Datum	Fakten	Quellen

Datum	Fakten	Quellen

Datum	Fakten	Quellen

Datum	Fakten	Quellen

Datum	Fakten	Quellen

Datum	Fakten	Quellen

Datum	Fakten	Quellen

Datum	Fakten	Quellen

Datum	Fakten	Quellen

Datum	Fakten	Quellen

Datum	Fakten	Quellen

Datum	Fakten	Quellen

Datum	Fakten	Quellen

Datum	Fakten	Quellen

Datum	Fakten	Quellen

Datum	Fakten	Quellen

Datum	Fakten	Quellen

Datum	Fakten	Quellen

Datum	Fakten	Quellen

Datum	Fakten	Quellen

Datum	Fakten	Quellen

Datum	Fakten	Quellen

Datum	Fakten	Quellen

Datum	Fakten	Quellen

Datum	Fakten	Quellen

Datum	Fakten	Quellen

Datum	Fakten	Quellen

Datum	Fakten	Quellen

Datum	Fakten	Quellen

Datum	Fakten	Quellen

Datum	Fakten	Quellen

Datum	Fakten	Quellen

Datum	Fakten	Quellen

Datum	Fakten	Quellen

Datum	Fakten	Quellen

Datum	Fakten	Quellen

Datum	Fakten	Quellen

Datum	Fakten	Quellen

E D I Z I O
BÜRO FÜR BUCHPROJEKTE

www.edizio.com